YSGOL

STO1

CW00358209

STORÏAU'R DYCHYMYG DU

gan
GERAINT V. JONES

Argraffiad Cyntaf—Mai 1986

ISBN 0 86383 280 6

Dymuna'r cyhoeddwyr gydnabod cymorth a chyfarwyddyd Adrannau'r Cyngor Llyfrau Cymraeg a noddir gan Gyngor Celfyddydau Cymru.

Argraffwyd gan:
J. D. Lewis a'i Feibion Cyf., Gwasg Gomer, Llandysul

I ELFYN, IWAN A NESTA

Gair i'r Darllenydd Sgeptig

Storïau'r dychymyg, dyna yw cynnwys y gyfrol hon. *Wrth gwrs*, meddech chi, *beth arall all stori ysbryd fod*? Dyna'r drwg heddiw 'dach chi'n gweld . . . yn arbennig efo'r ifanc. Amharod i dderbyn yr anesboniadwy, yr arallfydol . . . a rhy barod i grechwenu ar brofiadau mwyaf ysgytwol yr hen bobol. Ond pwy a ŵyr na ddaw i'ch rhan chwithau hefyd, yr amheuwyr, brofiadau cyffelyb ryw ddydd? Profiadau fydd yn codi gwallt eich pen ac yn fferru'ch gwaed. Wedi'r cyfan, fedrwch chi byth fod yn siŵr . . . yn enwedig yn nhrymder nos pan fydd y lleuad yn llawn a rhyw dawelwch iasol rhyfedd yn teyrnasu, heb ddim i darfu arno ond siffrwd yr awel yn nail y coed . . . neu fref oer dafad . . . hwtian annisgwyl tylluan unig . . . neu gi'n udo galar o bell . . . neu . . . neu falla sgrech enaid mewn arswyd pur!

Mae gan bob ardal ei hysbrydion. Peidied neb ag amau hynny. Rhyw fath o ragarweiniad i'r gyfrol ydi'r hanesyn cyntaf. *Stori wir* . . . meddan nhw! Y *nhw* yn yr achos yma ydi hen drigolion Stiniog . . . ac fe ânt ar eu llw ichi fod stori 'Rhybudd y Nos' yn *efengyl bob gair*!

Cynnwys

Rhybudd y Nos

Mae unrhyw un sydd wedi teithio tua'r gogledd trwy
Flaenau Ffestiniog yn siŵr o fod wedi sylwi ar hen
adfeilion Chwarel y Diffwys i fyny'n uchel ar y dde
uwchben y dref. Honno yw chwarel hynaf Stiniog ac yno
y dechreuodd gŵr o'r enw Methusalem Jones gloddio am
lechi yn ôl yn 1765. Erbyn heddiw does dim i'w weld ond
tomennydd llwydlas a sgerbwd o felin fel coron ddu ar eu
brig. Anaml y bydd yr haul yn taflu'i oleuni ar y Diffwys;
mae fel petai hi mewn cysgod parhaol a'r tywyllwch sy'n
perthyn iddi yn awgrymu fod dirgelwch rhyfedd ynglŷn
â'r lle.

Nid yw dieithriaid, wrth gwrs, yn sylweddoli fod y
mynydd y mae'r tomennydd yn gorwedd arno yn rhwyd-
waith o'i fewn o lefelau ac agorydd, milltiroedd o lefelau
isel ac ugeiniau o agorydd mawrion fel eglwysi oer tan-
ddaearol. Yno y byddai'r creigwyr, 'slawer dydd, yn crafu
bywoliaeth o'r graig. Erbyn heddiw mae llawer o'r
agorydd hynny wedi boddi, dŵr y graig wedi cronni dros
y blynyddoedd yn gronfeydd llwydwyrdd arswydus. Dŵr
fu un o'r prif resymau dros gau chwareli Stiniog gan fod
y gost o'i bwmpio i'r wyneb yn mynd â chyfran sylweddol
o elw'r perchenogion gynt. A gofalu am y pympiau, yn
ystod oriau hir y nos, oedd gwaith Elis Dafis.

Does dim gwahaniaeth rhwng nos a dydd i lawr yng
nghrombil y graig. Mae hi bob amser fel Afagddu yn fan
'no. Ond roedd gwahaniaeth hefyd bryd hynny oher-
wydd yn ystod y dydd byddai'r twll yn llawn sŵn ebillion

11

a morthwylion y gweithwyr, a'u canhwyllau gwan fel gloynnod o dân ar lethr y graig. Yn ystod y nos, fodd bynnag, byddai'r agorydd yn dawel a du fel y bedd heb ddim i darfu ar y distawrwydd ond clecian ysbeidiol y graig—'y graig yn cysgu,' meddai'r hen bobol—a rhuthr ambell lygoden fawr ar drywydd bwyd.

Mewn lle felly y gweithiai Elis Dafis, ond dros y blyn-yddoedd roedd wedi hen gynefino â'i orchwyl ac ni theimlai ofn wrth grwydro'n unig ar hyd y lefelau oer. Hen ŵr duwiol, uchel ei barch, yn flaenor gyda'r Annibynwyr ydoedd. Ni feiddiodd neb erioed amau'i air . . . ddim tan y bore tyngedfennol hwnnw o'r mis bach, 1886!

Oriau mân bore Gwener y nawfed o Chwefror oedd hi. Cyn bo hir byddai gorwel y dwyrain yn dechrau goleuo'n oer a'r chwarelwyr yn eu cartrefi a'u barics* yn stwyrian i ddiwrnod arall o lafur caled ar y graig neu yn y felin. I lawr yn nyfnder y twll, mewn caban bwyta ar lefel isaf-ond-un Chwarel y Diffwys, craffodd Elis Dafis ar ei wats boced fawr arian. *'Chydig dros awr eto, meddyliodd, ac mi ga i fynd adra i 'ngwely. Mi ddechreua i ymlwybro tua'r wynab.* Llyncodd weddill y te o'r mŵg mawr.

Synhwyrodd fod rhywbeth o'i le gynted ag y camodd allan i'r lefel oer. Rhedodd ias annisgwyl i lawr ei feingefn a daeth ysfa gref drosto i ddychwelyd i ddiogelwch y caban ac aros yno nes i'r chwarelwyr ddod at eu gwaith. *Twt!* meddai'n flin wrtho'i hun, *pe baen nhw'n cael ar ddallt fod gen i ofn yn fan 'ma fy hun mi faswn i'n gyff gwawd yr ardal am byth.* Bu meddwl hynny'n help iddo ymwroli

---

*barics: tai i fyny yn y chwarel lle byddai gweithwyr o bell yn aros o'r Llun i'r dydd Gwener.

a dechreuodd ymlwybro'n ofalus rhwng y cledrau ar hyd y lefel.

Aeth heibio i dair agor ond cynyddu yn hytrach na chilio a wnâi 'i ofn. Ni chofiai'r twll mor ddistaw â hyn o'r blaen. Tyfai'r arswyd a churai 'i galon yn wyllt ac yn swnllyd yn y gwacter du hwnnw. Am ryw reswm na allai 'i egluro roedd yn cerdded ar flaenau'i draed ac yn gwneud ymdrech i anadlu'n araf a distaw.

Erbyn hyn roedd bron gyferbyn ag agor fwya'r lefel. Yng ngolau egwan ei gannwyll gallai weld ei düwch ar y dde o'i flaen. Safodd yn ei unfan i ddisgwyl . . . Trwy reddf, gwyddai fod rhywbeth atgas ar fin digwydd. Yr eiliad nesaf, llanwyd y lle â'r fath gymysgedd o sŵn erchyll nes gwneud i wallt pen yr hen ŵr yn llythrennol godi: gwichian byddarol cannoedd o lygod mawr ofnus wrth iddynt heidio allan i'r lefel gul, yna sgrech annaearol gŵr mewn anobaith llwyr, a sŵn y graig yn dymchwel. Teimlodd ruthr o wynt a diffoddodd ei gannwyll.

Ni wyddai Elis Dafis am ba hyd y bu'n sefyll yno yn y tywyllwch. Roedd wedi'i hoelio i'r ddaear gan y sgrech anobeithiol honno a sŵn y cwymp fel taran yn rowlio i bellteroedd yr agor a dyfnderoedd y graig. Pan ddaeth ato'i hun dechreuodd ffwlbala am fatsen heb wybod yn iawn beth i'w wneud nesaf na beth i'w ddisgwyl. Rhywsut fe wyddai nad oedd damwain wedi bod mewn gwirionedd . . . ddim eto, beth bynnag!

O'r diwedd, fflachiodd y fatsen yn ei law. Am eiliad roedd ei golau yn fwy llachar nag a ddisgwyliai'r hen ŵr, yn ddigon llachar iddo allu gweld wal yr agor yn codi'n ddu-las o'i flaen. Ac yn yr eiliad honno cafodd gip ar olygfa oedd i aros gydag ef hyd ei fedd. Yng nghryndod

13

fflam y fatsen gwelodd dri chaead arch yn pwyso ar wyneb y graig, graen eu pren yn amlwg i'w lygaid.

Diffoddodd y fatsen a chiliodd ofn Elis Dafis. Taniodd un arall, goleuodd ei gannwyll ac aeth yn gyflym ar hyd y lefel a thua'r wyneb. Pan gyrhaeddodd y chwarelwyr cyntaf y bonc roedd yr hen ŵr yno'n eu disgwyl, ei lygaid yn rhythu'n wyllt yn ei wyneb gwelw.

Ni chymerodd fawr neb sylw o'i stori. Crechwenu wnâi amryw ohonynt, yn arbennig felly Robin Êl, Sei Gawr a Dic Twm. 'Twt! Twt! Elis Dafis! Breuddwydio wrth eich gwaith! Thâl hi ddim wchi!' Ond yn rhyfedd iawn, er eu gwamalrwydd, efo'r tri hyn yr oedd ef daeraf ei ymbil, am y gwyddai 'u bod yn gweithio yn yr agor lle'r oedd y 'ddamwain' wedi digwydd. 'Ewch adra, hogia bach,' crefodd. 'Peidiwch â mentro i'r twll heddiw.' Chwerthin wnaeth y tri. Mewn cyfnod mor galed nid ar chwarae bach y byddai dyn yn colli stém.*

Nid aeth Elis Dafis i'w wely'r diwrnod hwnnw. Eistedd yn fyfyriol o flaen ei dân yr oedd pan ganodd y corn rhybudd, ac aeth y stori fel tân gwyllt fod cwymp mawr wedi bod yn y Diffwys. Gwyddai heb i neb orfod dweud wrtho fod tri wedi'u lladd a gwyddai o flaen neb beth oedd eu henwau hefyd. Fe wyddai, meddai rhai, oherwydd ei fod, yng ngolau'r fatsen ryfedd honno, wedi darllen tri enw ar gaeadau'r eirch.

*stém: cyflog diwrnod

Er Mwyn Heddwch

'Yli, mêt! Os wyt ti'n gwastraffu f'amsar i efo rhyw stori feddw mi fyddi di'n difaru d'enaid.'

'Wir ŷr, sarjant! Mi welis i hi'n gorwadd yn 'i gwaed. Roedd o'n uffernol!'

Awr a hanner ynghynt, am hanner awr wedi hanner nos, roedd Eddie Dyer wedi cychwyn ar ei ffordd sigledig adref o barti yn fflat Adrian, ffrind iddo a fyddai'n priodi drennydd. Roedd pedwar ohonynt wedi gadael y fflat efo'i gilydd ac Eddie wedi mynnu mynd filltiroedd o'i ffordd i ddanfon pob un ohonyn nhw yn eu tro. Pete oedd yr olaf iddo ffarwelio ag ef—hwnnw'n byw ar stad tai cyngor Ger y Parc, yr ochr bellaf un o'r dref. Yna, am hanner awr wedi un y bore, safodd ar balmant oer a gwag i geisio ymresymu ag ef ei hun.

Reit Ed! Pa ffordd wyt ti am fynd adra? Yr holl ffordd yn ôl i'r Stryd Fawr ac wedyn rownd County Avenue a heibio i Swyddfa'r Cyngor ynte'n syth ar draws y parc? . . . Ar draws y parc siŵr, y clown! Hannar milltir yn hytrach na bron i ddwy . . . Ond mi fydd yn rhaid iti fynd trwy Goed Sarn yng nghanol y parc. Mae 'na ysbryd yn fan 'no, meddan nhw . . . Ond roedd y John Barley wedi ymlid pob ofn o feddwl dryslyd Eddie. *Ysbryd o gythral! Mi ro i ysbryd iddo fo os daw o ar 'y nhraws i!* Ac ar ôl pwnio'r awyr am 'chydig efo'i ddyrnau ansicr, i brofi'i ddewrder iddo'i hun yn fwy na dim, croesodd y ffordd a dringo'n heglog a swnllyd dros wal y parc.

Reit, ble mae'r llwybr? Chwibanai wrth ymlwybro dros ganllath o laswellt nes cyrraedd y llwybr graean. Hwnnw'n crensian dan draed. Cerdded gyda'r ymyl er mwyn bod yn dawelach ac wrth nesu at glwstwr du Coed Sarn y chwibanu dewr yn distewi a'r pen meddw'n dechrau clirio. *Dos yn d'ôl, Ed. Be tasat ti'n gweld yr ysbryd?*

Wrth weld y llwybr yn diflannu i gysgodion tywyll y coed dechreuodd ddifaru ei benderfyniad byrbwyll. Araf iawn oedd ei gamau erbyn hyn ac ym mêr ei esgyrn synhwyrai brofiad anghynnes yn ei aros. Caeodd y tywyll-wch amdano. Er bod digon o olau'r lleuad yn treiddio rhwng y brigau noeth iddo allu gweld ei ffordd yn ddi-drafferth, eto i gyd roedd yr un goleuni yn creu siapiau arswydus o'i boptu, yn freichiau a bysedd crafanglyd, yn sgerbydau bygythiol. Sgrechiodd sguthan yn union uwch ei ben gan beri i'w galon roi tro a dechrau curo'n wyllt, ddireol. Ond doedd hynny chwaith yn ddim o'i gymharu â'r dychryn a ddaeth nesaf, arswyd a gerddodd ei gorff fel dŵr rhewllyd yn llifo rhwng y dillad a'r croen.

Yn union o'i flaen fforchiai'r llwybr ac roedd Eddie ar fin ei heglu hi i'r dde pan welodd rywbeth gwyn yn nesáu'n gyflym o'r chwith. *Ysbryd?* Nage, dyn mewn côt wen a honno'n disgleirio'n blaen yng ngolau'r lleuad.

'Nos da,' meddai Eddie mewn llais a swniai iddo ef yn annaturiol o uchel.

Dim ateb. *Llygid rhyfadd,* meddyliodd Eddie'n nerfus. *Llygid llonydd, dall . . . Boi distaw,* meddyliodd wedyn. *Dim sŵn traed ar y llwybr! Roedd o wedi baeddu'i gôt yn rwla hefyd. Staenia tywyll arni.*

Cydiodd rhyw gyfaredd rhyfedd ynddo a theimlai fel pe bai wedi tyfu gwreiddiau. Roedd arno ofn, oedd, ond ar yr un pryd ni theimlai'i fod yn cael ei fygwth o gwbl. Gwyliodd y dieithryn yn pellhau. Gŵr tal, dwylath o leiaf, a chydnerth; ei wallt wedi'i dorri'n fyr uwch y clustiau ac ar y war. *Tua deg ar hugain oed,* tybiodd Eddie. *Wynab trist ganddo fo. Welais i rioed wynab mor drist.*

Erbyn hyn roedd y dyn wedi gadael llwybr y parc ac yn cerdded yn gyflym a difraw rhwng y coed. Roedd yn ddigon hawdd ei weld yn ei gôt wen. *Mae hwn'na ar ryw berwyl drwg, Ed . . . Sbia! Mae o wedi stopio wrth y goedan fawr 'cw. Be mae o'n neud, tybad? Ble cafodd o'r rhaw 'na? Mae o'n tyllu!*

Daeth y cryndod yn ei feingefn ag ef ato'i hun. Yna, gwnaeth benderfyniad hollol afresymol. Yn hytrach na brysio adref, dilynodd y llwybr i'r chwith! Wedi'r cyfan, o'r cyfeiriad hwnnw'r oedd y dieithryn rhyfedd wedi ymddangos a theimlai Eddie—nage, gwyddai—fod eglurhad i'r cyfan ar y llwybr gwyn rywle o'i flaen.

Ni chafodd sioc o ddarganfod y corff: merch tua phump ar hugain oed, ei gwaed yn afonydd tywyll ar ei hwyneb gwelw ac yn llyn ar y graean o gylch ei phen. Plygodd i graffu arni. Daliai'r gwaed i ffrydio o'r clwyf agored uwch y glust chwith. *Ei wraig falla?* meddyliodd Eddie gan ryfeddu yr un pryd at ei hunanfeddiant. Chwiliodd y llaw chwith.

Os oedd rhyw reddf ryfedd wedi'i baratoi at weld y corff ar y llwybr, yn sicr nid oedd yn barod am yr erchylltra nesaf. Doedd bys y fodrwy ddim yno! Stwmp gwaedlyd yn unig oedd ar ôl. Mygwyd y sgrech yn ei wddf a chydiodd panig noeth ynddo. Y golau glas uwchben drws swyddfa'r heddlu ddaeth ag ef ato'i hun.

'Reit, mi awn ni i weld ydi o'n dal yno. *Come on,* Richards!' Ac ar ôl i'r ddau blismon wisgo'u cotiau ac i'r sarjant roi gorchymyn arall i'w gwnstabl i gloi drws y swyddfa tra byddent allan, cychwynnodd y tri tua'r parc, Eddie ar y blaen yn arwain.

'Rownd y tro yn fan 'cw.' Pwyntiodd ar hyd y llwybr a chrensiodd y tri yn gyflym i'r cyfeiriad.

Doedd dim byd i'w weld!

'Mae o wedi mynd â hi i'w chladdu. Brysiwch!'

Rhedodd y tri at y fforch yn y llwybr ond nid oedd sôn yn unman am y dyn côt wen.

'Fan 'cw!' meddai Eddie eto, 'o dan y goedan fawr 'cw. Fan 'cw mae o wedi'i chladdu hi.'

Brysio eto, dros y glaswellt y tro hwn.

Sythodd y sarjant ar ôl archwiliad byr o'r ddaear o dan y goeden. 'Be uffar ydi dy gêm di, mêt? Wyt ti'n trio gneud cyff gwawd ohonon ni'n dau? Y? Does 'na neb wedi bod yn tyllu yn fan 'ma.'

Syllodd y llanc yn wyllt o'i gwmpas, yn amlwg yn methu deall beth oedd yn digwydd iddo. 'Ar fy llw, sarjant! Mi welis i o . . . ac mi welis i hi hefyd . . . yn union fel y deudis i wrthoch chi.'

'Mewn pwll o waed, ia . . . ar y llwybyr?'

'Ia.'

'Wel lle gythral oedd y gwaed 'ta? Welis i ddim. Welsoch chi, Richards?' Ysgydwodd hwnnw'i ben.

Ni allai Eddie ateb.

'Oes gen ti syniad be ydi'r gosb am wastraffu amsar yr heddlu? Y? Pam oeddat ti allan mor hwyr, beth bynnag? Ar ryw berwyl drwg, mae'n siŵr. Be oeddat ti'n neud yn y parc am hannar awr wedi un yn y bora? Y? Faint wyt ti wedi'i yfad?' Cyn rhoi cyfle iddo ateb trodd y sarjant at ei gwnstabl. 'Reit, Richards, mae hwn yn dod nôl i'r stesion efo ni. Mae ganddo fo dipyn o waith egluro. Cadw lygad barcud arno fo rhag ofn iddo fo gymryd y goes.'

Erbyn cyrraedd y swyddfa roedd meddwl Eddie'n dryblith gwyllt, un funud yn amau'r hyn a welsai yn y parc, yr eiliad nesaf yn anniddig o gofio fod y llofrudd yn cael amser i ddianc. Ofer bellach oedd ceisio darbwyllo'r sarjant. Wnaeth hwnnw ddim ond gorchymyn ei daflu i gell. 'Fe gawn ni weld a fydd gen ti well stori erbyn y bora, mêt.'

Cwsg ysbeidiol a gafodd yn yr ychydig oriau oedd yn weddill o'r nos. Fe'i deffrowyd am chwarter wedi wyth gan sarjant arall. Sarjant Ellis wedi gorffen gweithio ac wedi mynd adref i'w wely, meddai wrth Eddie, ond wedi gadael adroddiad llawn o ddigwyddiadau'r nos.

'Sarjant Symmonds ydw i. Be 'di dy stori di erbyn bora 'ma?'

Â'r cur yn dyrnu yn ei ben, carai Eddie fod wedi medru anghofio'r cyfan, syrthio ar drugaredd yr heddlu a dweud mai stori feddw oedd y cwbl ond rhoddwyd pen ar y posibilrwydd hwnnw gan eiriau nesaf y sarjant.

'Mae 'na ddau dditectif CID yn barod i dy holi di ar ôl iti gael dy frecwast.'

Ugain munud yn ddiweddarach arweiniwyd Eddie at fwrdd yn yr ystafell holi. Roedd ei gur pen wedi lleddfu 'chydig ar ôl cael paned boeth a rhywbeth i'w fwyta. Gyferbyn ag ef eisteddai'r ddau dditectif.

'Reit, dy stori di unwaith eto.'

Adroddodd hanes popeth a welsai, heb gelu dim. Cyfeiriodd at y parti a'i benderfyniad meddw i ddanfon pob un o'i ffrindiau adref, ei ofn cynyddol yn y parc, y dyn yn y gôt wen a'r staeniau tywyll arni, y corff a'r gwaed, yr archoll ar y pen, bys y llaw chwith wedi'i dorri ymaith. 'Dydw i ddim yn gwbod pam yr es i ar hyd y llwybyr chwith yn hytrach na'r llall,' meddai, 'ond roedd fel pe bai 'na rwbath yn fy ngyrru i yno. Be sy'n rhyfadd ydi, tra roedd y petha yna'n digwydd imi doedd gen i ddim ofn, rywsut. Mae'n anodd egluro'r peth.'

Chwiliodd wynebau'r ddau wrandawr am arwyddion eu bod yn ei gredu. Sibrydodd un ohonynt rywbeth a gwelodd Eddie'r llall yn nodio'i ben. Troesant ato.

'Reit!' meddai'r talaf ohonynt mewn llais awdurdodol. 'Mi gei di un cyfla eto i brofi dy stori. Mae Ken a finna am ddod efo ti i'r parc i gael un olwg arall.'

Pan aethant allan roedd y glaw'n dawnsio'n wyn ar y ffordd o'u blaen a gwyddai Eddie fod y ddau dditectif yn flin wrtho am greu'r fath drafferth ar fore mor llwyd ac oer. Agorwyd dau ambarél ac aed yn frysiog tua'r parc rhyw dri chanllath i ffwrdd.

'Dim byd! Dim gwaed . . . dim ôl styrbans . . . dim ôl tyllu . . . ac yn reit siŵr dim corff!' meddai un yn wawdlyd, yr un a elwid Bert.

'Dim bysedd ar hyd y lle chwaith,' meddai'r llall, Ken, ond gyda mwy o hiwmor yn ei lais na'i gyfaill.

Ar arwydd gan Bert aeth y ddau dditectif o'r neilltu i sibrwd gan adael Eddie heb ambarél yn y glaw trwm. Clywodd ddigon o'u sgwrs i ddeall eu bwriad.

'Mi geith y diawl dalu am hyn.' Bert oedd yn siarad. 'Mi ofala i 'i fod o'n cael digon o waith.'

Chwarddodd ei gyfaill yn ysgafn fel pe bai'n gweld ochr

ddigrif i'r helynt. 'Does gynnon ni ddim dewis beth bynnag, Bert. Mae'n rhaid inni ddilyn *procedure.*'

'Yli!' meddai'r un blin wrth ddychwelyd. 'Mae'n amlwg dy fod ti wedi dychmygu'r cyfan . . . neu dy fod yn cael hwyl am ein penna ni.' Roedd wedi gostwng ei lais yn fygythiol wrth yngan y geiriau olaf a cheisiodd Eddie brotestio ond torrodd Bert ar ei draws: 'Y boi 'ma welist ti neithiwr . . . fyddet ti'n 'i nabod o pe baet ti'n 'i weld o eto?'

Nodiodd Eddie. Roedd yn bendant o hynny.

'Reit 'ta, mi awn ni'n ôl i'r stesion ac mi gei di chwilio trwy 'chydig o lunia rhag ofn fod gan y boi gwaedlyd 'ma record o gwbwl. Os felly mi fydd o ar ffeil gynnon ni.'

Dyma'u ffordd nhw o dalu'n ôl imi, meddyliodd y llanc. *Fy nghadw i am oria eto yn y stesion . . . ond taw pia hi. Dydw i ddim mewn sefyllfa i ddadla. Gwell gneud fel mae o'n gofyn neu mi fydda i mewn mwy o helynt.*

Fe'i gadawyd ar ei ben ei hun yn y stafell holi a phentwr o gyfrolau yn llawn lluniau ar y bwrdd o'i flaen. Yn ddigon di-ffrwt ac anobeithiol y dechreuodd droi'r dalennau.

Am un ar ddeg daeth plismon â phaned o goffi iddo. O'i wên fingam gwyddai Eddie fod pob un yn y swyddfa yn deall beth oedd yn mynd ymlaen ac yn cael hwyl am ei ben. *Chwartar awr arall*, meddyliodd, *ac wedyn dwi'n mynd.*

Trodd y ddalen yn beiriannol, yna un arall. Arhosodd yn ansicr fel pe bai'n rhoi cyfle i rywbeth wawrio ac yna trodd ddalen yn ôl. Na, doedd dim amheuaeth o gwbl. Roedd wyneb y llofrudd yn syllu allan arno. *Wyt ti'n siŵr, Eddie? Paid â thynnu rhagor o broblema am dy ben.* Roedd mor sicr ag y gallai fod. Hwn oedd y dyn. Canodd y gloch ar y bwrdd.

Syllodd y ddau dditectif yn hir ar y llun ac yna ar y wybodaeth ysgrifenedig oedd gydag ef. Tu ôl iddynt safai Sarjant Symmonds, yn llawn eiddgarwch. Gwelodd Eddie'r diddordeb yn eu hwynebau'n troi'n syrffed.

'Arnold Zingler!' meddai Bert o'r diwedd. 'Arnold Zingler welist ti?'

'Ia,' atebodd yntau'n bendant, 'os mai Arnold Zingler ydi enw hwn'na.'

'A fel 'na'n union oedd o'n edrych neithiwr, ia?'

'Ia.' Yr un pendantrwydd yn y llais.

Ffrwydrodd Bert. 'Gwranda'r clown! Fe dynnwyd y llun yma yn 1947 ac mae Arnold Zingler, os ydi o'n dal yn fyw, mewn oed riteirio heddiw. Paid ti â thrio dy dricia arna i, mêt!' Trodd at y sarjant. 'Gyr y diawl adra . . . cyn imi'i ddarn-ladd o.'

Syllodd Eddie'n fud ar Bert yn rhuthro allan o'r ystafell, ei sodlau milain yn clecian ar y llawr caled. Trodd i chwilio llygaid y ditectif arall. 'Ar fy ngwir!' meddai'n wan wrth hwnnw. Ni allai ddweud rhagor.

*   *   *

Pnawn Sadwrn y briodas roedd Eddie'n adrodd ei hanes unwaith eto ond wrth gwmni pur wahanol y tro hwn. Roedd y bwyd a'r areithio drosodd, llawer o'r gwesteion wedi mynd tua thre ond nifer fechan, ac Eddie yn eu mysg, wedi glynu at y bar. Y tro hwn adroddai'i stori gydag afiaith gan fod ei gynulleidfa mewn hwyliau gwrando.

'Wir ichi, hogia, doedd 'i bys hi ddim yno . . . ac roedd y gwaed . . .'

22

'Eddie Dyer!'

Roedd y llais yn gyfarwydd. Trodd Eddie mewn syndod i wynebu Ken y ditectif.

'Ga i air efo ti i lawr yn y stesion?'

Fel y cerddai'r ddau allan o'r bar clywodd Eddie lais cellweirus un o'r cwmni: 'Wyddwn i ddim y medrit ti gael d'arestio am weld ysbrydion.' Yna caeodd y drws ar y rhialtwch o'i ôl.

'Mae'n ddrwg gen i darfu ar dy hwyl di, Eddie,' meddai'r ditectif toc, 'ond roeddwn i'n awyddus i gael gair efo ti ynglŷn â'r busnes 'ma eto . . . yn enwedig ar ôl be glywis i bore 'ma.'

'O? Be glywsoch chi felly?'

'Wel, dwi'n gwbod fod Bert wedi bod braidd yn hallt efo chdi ond fedrwn i yn fy myw beidio â chredu dy stori di. Mi fedra i ddarllan pobol yn o dda dwi'n meddwl ac mi ges i'r teimlad dy fod ti'n deud y gwir.'

'Diolch yn fawr,' meddai Eddie mewn goslef anghwrtais. 'Fe gawsoch i gyd ddigon o hwyl am 'y mhen i, beth bynnag.'

'Gwranda, Eddie! Be 'swn i'n deud wrthat ti fod 'na bedwar plismon yn aros amdanon ni yn y parc yr eiliad 'ma a bod ganddyn nhw ddwy gaib a dwy raw? Wyt ti'n dallt be mae hynny'n 'i olygu?'

Deffrôdd y llanc drwyddo. 'Rydach chi'n mynd i dyllu?'

'Ydan, ond i ti ddeud wrthon ni'n union ym mhle.'

Dyna pryd y sylweddolodd mai i gyfeiriad y parc yr oeddynt yn cerdded ac nid tua'r swyddfa.

'Be wnaeth ichi newid eich meddwl?'

'Nid newid 'y meddwl,' meddai'r llall, 'ond mi wnes i dipyn o ymholiada. Wedi i ti adael y stesion ddoe fe ddechreuis trwy holi a oedd gwraig ifanc tua phump ar hugain oed heb ddod adref y noson gynt. Doedd 'na neb. Wedyn fe ofynnais am fanylion llawn am Arnold Zingler. Bore 'ma, pan ddois i at 'y ngwaith am wyth o'r gloch y ces i'r wybodaeth honno.' Oedodd am eiliad fel pe'n dewis ei eiriau. 'Fe fu Arnold Zingler farw yn Lerpwl ar y trydydd ar hugain o'r mis yma . . . echdoe!'

Safodd Eddie'n stond ar y palmant a'i wyneb yn gwestiwn i gyd.

'Ia,' meddai'r llall. 'Echdoe . . . yn hwyr y nos. Rhyw ddwyawr cyn i ti 'i weld.'

Dechreuasant gydgerdded eto, yn dawedog am rai eiliadau ac Eddie'n ceisio dyfalu pam bod yr heddlu'n dal i gymryd diddordeb yn ei stori ef pan oedd yn amlwg i bawb bellach na allasai fod wedi gweld yr Arnold Zingler 'ma o gwbl yn y parc. Aeth y ditectif ymlaen:

'Pan dorrodd y rhyfel yn 1939 roedd Zingler yn un ar hugain oed ac wedi dechra canlyn hogan bum mlynedd yn iau . . . hogan un ar bymthag, Margaret Dawson, merch i siopwr yn y dre 'ma. Mi fyddai'n ei chwarfod wedyn bob tro y deuai adra ar lîf. Yna, yn 1943 fe'i hanfonwyd o gyda'i gatrawd i'r Dwyrain Pell lle cafodd 'i ddal gan y gelyn. Bu'n garcharor yn Japan hyd ddiwedd y rhyfel a phawb yn credu'i fod wedi'i ladd. Yn 1946 y cafodd o ddod adra, yn dipyn o arwr yng ngolwg pobol y dre. Erbyn hynny fodd bynnag roedd Margaret Dawson wedi dyweddïo efo rhywun o . . . o Sheffield, dwi'n credu, a dwn i ddim pa un ai siom oherwydd hynny ynte effeithia'r carchar yn Japan oedd yn gyfrifol ond fe ddechreuodd Zingler ymddwyn yn od.'

Safodd y ditectif i danio sigarét. Cymerodd Eddie un hefyd a thynnu'n hir arni wrth aros i Ken orffen ei stori.

'Fe wnaeth ei hun yn dipyn o niwsans i Margaret Dawson a'i thad yn ôl yr hanes. Ei dilyn hi o gwmpas, curo ar ddrws ei thŷ hi'n hwyr y nos ac ati, trio'n daer ei chael i dorri'r dyweddïad â'r llall a rhoi'r fodrwy'n ôl iddo . . . ond doedd dim yn tycio. Roedd sôn fod hwnnw'n arian-nog ac yn mynd i brynu tŷ mawr iddi. Dwn i ddim faint o wir oedd yn hynny chwaith ond mae 'na rai sy'n meddwl hyd heddiw mai dyna pam y dechreuodd Zingler ddwyn, er mwyn medru cystadlu efo'r cariad newydd. Be sy'n eironig ydi nad oedd tad yr hogan 'ma'n hoffi'r un o'r ddau, Zingler na'r llall, a'i fod o wedi trio bob ffordd i roi terfyn ar y garwriaeth. Fodd bynnag, ym mis Medi 1947 diflannodd Margaret Dawson a'i chariad oddi ar wyneb daear. Wedi rhedeg i ffwrdd i briodi, meddai pawb, ac mae ganddi deulu yn y dre 'ma heddiw sy'n credu'u bod nhw'n dal i fyw yng nghyffinia Sheffield o hyd . . . ond does 'run o'i pherthnasa â gair da iddi am na ddaeth hi'n ôl i gladdu'i thad pan fu hwnnw farw 'chydig fisoedd ar ôl iddi fynd i ffwrdd. Ydi hyn i gyd yn swnio'n gymhleth iti, Eddie?'

'Na, dwi'n dallt . . . ond mi ddeudsoch fod Zingler wedi dechra dwyn . . .'

'Do. Torri i mewn i siop wnaeth o, yn hwyr y nos, ond mi ddaeth 'na blismon heibio a'i ddal o wrthi. Fe ymos-ododd Zingler arno fo a hannar 'i ladd o, peth difrifol iawn y dyddia hynny. Mi fyddai wedi cael o leia blwyddyn a hannar o garchar oni bai fod y llys wedi ystyried ei brofiada yn ystod y rhyfal. Chwe mis gafodd o ond fu dim rhaid iddo fo neud cymaint â hynny chwaith. Oherwydd ei ymddygiad da yn y carchar roedd o allan ymhen pedwar mis. Welwyd mohono fo yn yr ardal yma byth wedyn.'

Erbyn hyn roedd y ddau wedi cyrraedd giât y parc lle'r oedd y pedwar plismon a Bert, y ditectif arall, yn eu disgwyl. Edrychai'r olaf mor sarrug ag arfer.

'Dydw i ddim yn dallt eto pam rydan ni yma,' meddai Eddie. 'Does bosib mai Arnold Zingler welis i echnos os oedd o newydd farw . . . ac os nad oedd gwaed i'w weld ar y llwybyr be 'dach chi'n disgwyl 'i ffeindio trwy dyllu?'

'Syniad gen i, Eddie. Syniad go ddychrynllyd a deud y gwir, ac os na fyddwn ni'n darganfod rwbath pnawn 'ma yna mi fydda i'n destun sbort y Ffôrs i gyd. Mae Bert, wrth gwrs, yn meddwl 'mod i'n lloerig . . . ond 'alla i feddwl am yr un eglurhad arall. Y gwahaniaeth rhwng Bert a finna, ti'n gweld, ydi 'mod i'n coelio dy stori di.'

'Diolch ichi ond mae'n rhaid imi gyfadda nad oes gen i ddim clem be 'di'r syniad 'dach chi wedi'i gael.'

'Dyma ni!' Safodd y chwech ohonynt ar y fforch yn y llwybr. 'Rŵan, Eddie, dangos inni eto ymhle'n union y gwelist ti'r boi hwnnw'n tyllu.'

Arweiniodd Eddie hwynt draw at y goeden fawr. Gallodd bwyntio i'r union fan lle gwelsai'r dyn yn gwthio'i raw ac ar hynny rhoddodd Bert arwydd i'r pedwar plismon a dechreuasant dyllu.

'Yn gam neu'n gymwys, Eddie,' meddai Ken yn dawel, 'dwi'n meddwl mai ysbryd welist ti echnos.'

Edrychodd y llanc yn gegrwth ar y ditectif.

'Aros funud,' meddai hwnnw wedyn. 'Tria di weld y cwbwl eto yn dy feddwl.'

Am y canfed tro rhoddodd Eddie gyfle iddo'i hun ail-fyw'r noson fwyaf dychrynllyd yn ei hanes ond y tro hwn ceisiodd weld ystyr i bopeth. Gwelodd eto'r llwybr yn wyn rhwng sgerbydau duon y coed, clywodd sgrech y sguthan ofnus uwch ei ben ac aildeimlodd ias oer yr oriau mân yn crwydro'i gorff.

'Fedri di weld y llofrudd?' Swniai llais Ken yn bell, bell.

Yn rhy glir, meddyliodd Eddie wrth i gryndod ymosod ar ei gorff. *Rhy glir o lawar.* Daeth darlun o'r gŵr yn y gôt wen i'w gof . . . y staeniau tywyll arni—staeniau gwaed! Y llygaid llonydd oer—llygaid marw? Y gwallt byr—ffasiwn y pedwardegau! Y symud distaw ar lwybr mor swnllyd! Ac wedyn y corff gwaedlyd.

'Ydi o'n bosib, wyt ti'n meddwl, dy fod ti wedi cael cip o rwbath a ddigwyddodd flynyddoedd yn ôl?'

Ystyriodd Eddie'r posibilrwydd. Na, roedd y syniad yn rhy anhygoel. Gwelodd Ken ei anghrediniaeth.

'Wyt ti'n nabod hon?' Daliodd lun i'r llanc edrych arno. 'Dydi o ddim yn llun da, dwi'n gwbod. Copi o hen lun ydi o wedi cael 'i chwyddo.'

Cydiodd Eddie'n wyllt ym mraich y ditectif. 'Hi ydi hi!' gwaeddodd gan beri i ŵr a gwraig oedd yn cerdded yn y parc gryn bellter i ffwrdd droi ac edrych arnynt mewn chwilfrydedd. 'Hi ydi hi!' meddai wedyn. 'Hon'na gafodd 'i lladd echnos. Pwy ydi hi?'

Cyn i Ken gael cyfle i ateb daeth gwaedd fuddugoliaethus oddi wrth un o'r plismyn. Brysiodd y ddau dditectif ac Eddie at ymyl y twll. Roedd asgwrn noeth i'w weld yn y pridd du.

'Gan bwyll rŵan!' meddai Bert yn awdurdodol, ei agwedd wamal wedi diflannu'n llwyr. 'Crafwch yn ofalus efo'ch bysidd o hyn ymlaen.'

Ac felly y bu, dau o'r plismyn ar eu gliniau yn y baw yn crafu'r pridd efo'u dwylo ac yn dod â mwy a mwy o esgyrn i olau dydd. Roedd Eddie'n ymwybodol o Ken yn siarad yn ddi-baid yn ei glust ond dim ond un frawddeg a ddaliodd ei sylw. *Ti'n gweld, fe gafodd Zingler ei ddal yn dwyn y noson y diflannodd Margaret Dawson a'i chariad. Fe'i cadwyd o yng ngharchar wedyn. Pa well alibi pe bai'r cyrff yn cael eu darganfod rywbryd?*

Ar ôl ugain munud o grafu'r pridd yn ofalus nes dadorchuddio'r esgyrn i gyd rhoddodd Bert orchymyn i'r plismyn roi'r gorau i'w gwaith a dod allan o'r bedd bas. Safodd y saith yn gylch mud o gwmpas y twll.

'Dau sgerbwd!' meddai Eddie o'r diwedd mewn sibrydiad cryg.

'Ia,' atebodd Ken, wrth graffu ar yr esgyrn noeth yn eu gwely o bridd du. Gorweddent yno'n drefnus, ochr yn ochr yn eu hystum olaf. 'Margaret Dawson a'i chariad. Dim ond ei chorff hi welist ti echnos, Eddie, ond mae'n siŵr fod Zingler wedi'i ladd ynta hefyd yn y coed 'ma yn rwla . . . a'i gydwybod wedi'i boeni o byth oddi ar hynny, mae'n debyg. Dyna pam y daeth 'i ysbryd o echnos . . . i ddangos i ti ymhle'r oedd y bedd.'

Roedd y syniad yn un chwerthinllyd ond doedd yr un o'r saith yn chwerthin.

'Margaret Dawson? Ond fedrwch chi byth fod yn siŵr o hynny.'

'Na fedrwn, Eddie? Ei llun hi ddangosais i iti gynna 'sti. Sbia ar law chwith ei sgerbwd hi . . . Weli di fys modrwy yn rwla?'

'Y Goeden sy'n Gwybod'

'Maen nhw'n deud 'i fod o wedi lladd Janet, wchi . . . ond mi rydw i'n gwybod yn iawn na wnaeth o ddim.'

Roedd llais yr hen wraig yn dawel a breuddwydiol a golwg bell yn ei llygaid.

'Hm!' Safai'r Inspector yn ddiamynedd wrth y ffenest yn syllu allan dros y buarth a'r caeau llwm. Roedd yn amlwg ei fod ef yn credu'n wahanol.

Eisteddais ar ymyl y soffa a rhoi fy llaw ar ysgwydd Elin Thomas wrth f'ochr. Meddyliais fel roedd ei bywyd wedi chwalu'n deilchion yn ystod y tri mis diwethaf, ei merch-yng-nghyfraith wedi diflannu'n ddirybudd yn nechrau Hydref a'r heddlu wedi chwilio'n ddyfal ond yn ofer amdani am wythnosau, yna'r sibrydion yn dechrau yn y pentref: *Mae o wedi'i lladd hi, dwi'n siŵr . . . Mae Robin Tyddyn Gwyn wedi gneud i ffwrdd â'i wraig, does dim byd sicrach . . . Doedd petha ddim yn dda rhyngddyn nhw wchi. Mi glywis i o'n 'i bygwth hi . . . Coeliwch chi fi, mae'i chorff hi yn y ceunant 'na yn rwla, neu wedi'i gladdu ar dir Tyddyn Gwyn.* Mae pobl yr ardal yma, ardal Llwyn Alun, yr un fath â phobl pob ardal arall am wn i, wrth eu bodd efo rhyw ddigwyddiad cyffrous a rhy barod, gwaetha'r modd, i bardduo cymeriad cymydog. Mi ddylwn i wybod; rydw i wedi bod yn weinidog arnyn nhw ers deunaw mlynedd a mwy ac wedi gweld eu campau nhw i gyd.

Wel, rhyw sibrydion fel 'na a barodd i'r heddlu ddechrau amau Robin. Ar y cychwyn, 'wedi gadael 'i gŵr' roedd Janet Thomas, dim byd mwy na hynny, ond ar ôl tri

29

mis o chwilio'n ofer amdani a chlywed mân siarad y pentrefwyr, roedd yr Inspector ei hun wedi dechrau amau anfadwaith. Daeth i glywed mwy am y ffraeo rhwng Robin a'i wraig: fel roedd hi wedi'i briodi am ei bres ac wedi cael syrffed yn fuan ar fywyd fferm. Roedd si ar led hefyd y byddai hi'n cyfarfod yn rheolaidd â hen gariad iddi. Dwn i ddim faint o wirionedd oedd yn hynny ond mae gen i syniad go lew nad oedd bywyd fferm at ei dant hi. Y fi a'u priododd nhw ac rwy'n cofio meddwl ar y pryd dau mor annhebyg oedden nhw—Robin yn bump a deugain, bymtheng mlynedd yn hŷn na Janet, wedi gweithio gartref ar y fferm ar hyd y blynyddoedd, byw yn gynnil gynnil, ef a'i fam weddw, a dod yn bur gefnog yn reit siŵr. Gŵr tawel cydnerth ond un â thymer go ddychrynllyd pan gâi'i wylltio. Trwyn mawr ganddo hefyd! Doedd o ddim yn dlws, os yw'n weddus dweud. Janet wedyn—gwraig ifanc olygus, ei gwallt fel eboni a chwerthin lond ei llygaid. Gwên barod, yn arbennig i'r dynion. 'Be welodd hi ynddo fo deudwch?' . . . 'Ei briodi fo am 'i bres, reit siŵr!' Dyna ddywedai trigolion Llwyn Alun bryd hynny ac mae'n rhaid imi gyfaddef fy mod i'n tueddu i gytuno â nhw. Ni chefais lawer o achos wedi hynny chwaith i newid fy marn.

Yna, Ddydd Calan, yng nghanol yr holl amheuon yn ei gylch, diflannodd Robin hefyd. Dyna gadarnhau'i euogrwydd yng ngolwg pawb. 'Mi ddeudis i 'i fod o'n euog yn do?' . . . 'Gynted ag y dechreuodd y polîs ei amau fe gymerodd y goes . . .' 'Mae o wedi dengid i'r Mericia neu rwla, gewch chi weld . . .' 'Maen nhw'n siŵr ohono fo'n y diwadd.' Ac yng nghanol eu clochdar, doedd gan neb eiliad o gydymdeimlad i'r hen wraig y fam.

'Ddaru o mo'i lladd hi wchi,' meddai hi'r eildro, fel pe bai hi'n siarad â hi'i hun. 'Mi ddeudodd o wrtha i neithiwr.'

Trodd yr Inspector yn gyflym ar ei sawdl ac edrych yn anghrediniol arni am eiliad.

'Be? Be ddwedsoch chi, Mrs Thomas? Neithiwr? Rydan ni'n chwilio am eich mab ers tridiau! Ddaeth o yma neithiwr? Sut na fasa'r plismon sy'n cadw golwg ar y tŷ wedi'i weld o?'

Erbyn hyn roedd yn sefyll o'n blaen ond wedi anghofio fy mod i yno o gwbl. Roedd wedi cyffroi'n lân ac yn codi'i lais.

'Ymhle gwelsoch chi o?'

'Welis i mohono fo,' meddai'r hen wraig ymhen sbel. Doedd llais cynhyrfus yr Inspector wedi cynhyrfu dim arni. Edrychai yr un mor freuddwydiol â chynt. 'Deud wrtha i wnaeth o. Mi ddaeth 'i lais o ata i ganol nos. "Mae hi'n glefar, Mam," medda fo. "Nid FI ddaru'i lladd HI. Y goeden sy'n gwybod".'

Edrychodd yr Inspector yn hurt arni. Ni allai wneud na rhych na rhawn o eiriau Elin Thomas. Daeth sŵn chwyrnu diamynedd o'i wddf a throdd am y drws.

'Mi alwa i eto bnawn fory, Mrs Thomas,' meddai. 'Efallai y byddwch chi wedi cofio rwbath erbyn hynny. Rhwbath call gobeithio,' ychwanegodd dan ei wynt ac aeth allan o'r gegin fawr.

Mi es i Ddyddyn Gwyn bnawn trannoeth hefyd. Doeddwn i ddim yn hoffi meddwl am yr hen wraig yn gorfod wynebu'r Inspector ar ei phen ei hun bach. A wnaeth imi gyfaddef ddim, roeddwn i eisiau gwybod beth oedd yn digwydd. Busneslyd, meddech chi? Ia, mae'n debyg. Mi es yno yn syth ar ôl cinio gan feddwl cael cyfle i gysuro tipyn ar Elin Thomas cyn i'r Inspector gyrraedd. Ond plismon agorodd y drws a digon amharod oedd ef a'r Inspector i ganiatáu mynediad imi. Pan gerddais i mewn i'r gegin fe welais pam. Eisteddai'r hen wraig ar y soffa, yn yr un fan yn union â ddoe, a wnâi imi amau iddi fod yno drwy'r nos. Wrth ei hochr eisteddai . . . Janet!

Ni allwn guddio fy syndod ond cyn imi gael dweud dim gwnaeth yr Inspector arwydd arnaf i fynd i eistedd i gornel bellaf y gegin tu draw i'r simdde fawr hen ffasiwn. Rhaid oedd ufuddhau ac anghofiodd pawb yn fuan fy mod i yno o gwbl.

'Eglurwch eto imi, Mrs Thomas,' meddai'r Inspector, gan estyn cadair galed ac eistedd yn wynebu Janet. 'Ymhle buoch chi am y tri mis dwytha 'ma? Sut na fasech chi wedi gadael i'r heddlu wybod? Mi wyddech, mae'n siŵr, fod chwilio mawr wedi bod amdanoch chi?'

Ni allwn lai na sylwi ar ffordd Janet o gael cydymdeimlad yr Inspector. Syllodd i fyw ei lygaid a gwibiodd ei hamrannau hirion yn gyflym a bwriadol dros ei llygaid llaith. Prin y gallwn glywed ei geiriau o ble'r eisteddwn.

'Mae'n ddrwg gen i, Inspector . . . 'mod i wedi creu trafferth ichi. Doeddwn i ddim isio i neb wybod ble'r oeddwn i. Roedd gen i ofn, 'dach chi'n gweld, ofn i Robin ddŵad ar f'ôl i a . . . a . . .' Wnaeth hi ddim gorffen y frawddeg ond roedd hi wedi llwyddo i awgrymu'n gyfrwys iawn fod arni ofn i'w gŵr wneud niwed iddi.

'Ia . . . ym . . . wel, mi alla i ddeall hynny, Mrs Thomas.' Roedd yr inspector wedi'i gyfareddu'n lân ganddi. 'Ond . . . ym . . . mi ddylech fod wedi gadael inni wybod rywsut neu'i gilydd eich bod chi'n fyw ac iach, wyddoch chi.

32

Mae'ch gŵr wedi cael ei amau ar gam a rŵan mae o wedi rhedeg i ffwrdd . . . mewn ofn, mae'n debyg, o gael ei daflu i garchar am drosedd na ddaru o mo'i chyflawni.' Nid oedd llawer o sŵn cerydd yn ei lais.

'Y goeden sy'n gwybod!' Rhoddodd geiriau tawel yr hen wraig daw ar bawb.

'Wel . . . ym . . . ia . . . mi fasa'n well imi fynd,' meddai'r Inspector. 'Mi alwa i eto pan ddown ni o hyd i'ch gŵr.'

'Diolch,' meddai gwefusau cochion Janet wrtho ond ni ddaeth sŵn o gwbl rhyngddynt.

Ni ddaeth yr Inspector na neb arall o hyd i Robin a chyn bo hir daeth helyntion eraill i fynd â sylw'r pentrefwyr. Arhosodd Janet yn Nhyddyn Gwyn i ofalu am ei mam-yng-nghyfraith. 'Chwarae teg iddi,' meddai pobl Llwyn Alun, 'yn ei chladdu'i hun mewn rhyw dwll o le fel 'na efo hen wraig sydd wedi mynd o'i phwyll.' Ond ni fu'n rhaid iddi aros yno'n hir.

Pum mis ar ôl i Janet ddychwelyd daeth neges yn gofyn imi fynd i Dyddyn Gwyn: Elin Thomas, yr hen dlawd, ar ei gwely angau. Cydiais yn ei llaw ac wedi deall pwy oedd yno gwasgodd fy mysedd yn rhyfeddol o gryf.

'Y goeden sy'n gwybod,' meddai hi. 'Rŵan, gweddi.'

Cyn imi orffen fy ngweddi teimlais ei bysedd yn llacio a gwyddwn ei bod wedi mynd.

*   *   *

Aeth dwy flynedd a rhagor heibio cyn i holl eiddo Robin Tyddyn Gwyn gael ei drosglwyddo'n gyfreithiol i enw 'i wraig. Rhwng popeth roedd yn werth dros ddau gan mil o bunnoedd. Gwerthodd Janet y fferm—'Call iawn,' meddai pobl—ac ymfudodd o'r ardal. 'Mae hi wedi cwarfod â'i hen gariad ac yn bwriadu'i briodi pan geith hi ganiatâd y gyfraith.' Dyna stori pobl Llwyn Alun a doedd gen innau fawr o le i amau'u gair.

Wyth mlynedd yn ôl oedd hynny. Yn y cyfamser mae'r Inspector wedi'i ddyrchafu i swydd brafiach ym mhencadlys yr heddlu ym Mae Colwyn ac mae fy ngwallt innau wedi newid llawer ar ei liw a'i le. Y newyddion a ddaeth o Dyddyn Gwyn bore heddiw sydd wedi peri imi roi'r hanes hwn ar glawr, newyddion go syfrdanol a dweud y lleiaf. Andrew Williams, perchennog y fferm—fo brynodd y lle gan Janet—wedi mynd ati i glirio tipyn ar ei dir, wedi torri ceubren a arferai sefyll ar lechwedd Cae'r Ceunant gan fwriadu'i lifio wedyn yn goed at y gaeaf. Tipyn o sioc i'r creadur yn reit siŵr fu darganfod y sgerbwd yn y pren gwag!

Dannedd Dial

'Fu o rioed yn llawn llathan.'

'Naddo'n reit siŵr, ond mae'n rhaid 'i fod o wedi cael ffit ne rwbath ar 'i ffordd adra neithiwr. 'Sat ti 'di gweld yr olwg arno fo!'

'Wedi'i dal hi oedd o, mae'n debyg.'

'Mwy na hynny iti . . . mwy na hynny.'

'Now druan! . . . digon diniwad, y cradur!'

'Wedi bod am 'i beint arferol yn y Crown, meddan nhw, a chychwyn yn ôl am y Dolau tua chwartar i un ar ddeg. Roedd hi'n saith o'r gloch bora 'ma pan gyrhaeddodd o'r ffarm!'

'Saith? Lle gythral oedd o 'di bod tan hynny?'

'Ar ben coedan, medda fo.'

'Ar ben coedan? Yn 'i oed o? . . . Drwy'r nos?'

'Ia, dyna ddeudodd o wrth Ambrose Owen, 'i fistar, beth bynnag. Roedd o'n welw fel llymru ac yn crynu drosto, medda hwnnw, ac yn mwmblan rwbath am gŵn wedi 'mosod arno fo. Ta waeth, maen nhw wedi mynd â fo i Ddinbach ers cyn cinio.'

'Creadur bach!'

*   *   *

Arafodd y cerddwr ar y fforch yn y ffordd wledig gul a darllen yr arwyddbost yn y gwyll: *Dolau* i'r chwith, *Youth Hostel* yn syth ymlaen. Gollyngodd ochenaid o ryddhad. A hithau'n hwyrhau roedd wedi dechrau ofni'i fod ar goll a difaru gadael y briffordd ym mhentre bach y Llan. A

35

doedd adfeilion du'r hen blasty ar y bryn i fyny ar y chwith o'i flaen o ddim help i erlid ofnau gŵr ifanc o deithiwr blin. Byddai'n braf cael cyrraedd yr hostel a thynnu'r pac trwm oddi ar ei gefn. Roedd wedi cerdded gormod ar Gymru heddiw. Cyflymodd ei gam.

Ymddangosai'r sêr o un i un yn yr awyr ddulas ond ychydig iawn o olau'r lleuad a dreiddiai drwy'r coed deiliog o boptu'r ffordd. Roedd rhyw ddieithrwch rhyfedd yn perthyn i bob dim nes peri anesmwythyd iddo. Atseiniai'i esgidiau trymion yn nhawelwch y wlad ac adleisiai'r sŵn yn y bwa deiliog uwchben.

Fforch eto! *Henblas* i fyny'r dreif ar y chwith—yr adfeilion y cawsai gip ohonynt eisoes mae'n debyg—*Youth Hostel* yn syth ymlaen. Dylai ddod i'r golwg gyda hyn, meddyliodd.

Dyna pryd y daeth y sŵn i'w glyw. Cyfarth pell ac ysbeidiol ar y cychwyn a hwnnw'n cynyddu ac yn ffyrnigo, ac yn nesáu'n gyflym, fe dybiai, i lawr y dreif o gyfeiriad yr adfeilion. Nid un ci yn reit siŵr ond cnud ohonynt . . . ac awch gwaed yn eu cyfarth.

Cydiodd panig gwyllt yng ngwddf y cerddwr ifanc; roedd curiadau cyflym ei galon yn cadw amser â chlecian rhythmig ei draed ar y ffordd galed. Roedd sŵn y cyfarth yn llenwi'i glustiau, yn llenwi'r nos. Cŵn dieflig ar ei warthaf! Trodd i wynebu fflach y llygaid gorffwyll a'r dannedd milain . . .

*   *   *

'Hans Lichmann . . . Cologne . . . stiwdant . . . un ar hugain mlwydd oed.' Taflodd Sarjant Puw'r pasbort ar y ddesg o'i flaen a gwagio mwy ar y pac. Dim byd ond dillad.

36

'Be 'dach chi'n feddwl ddigwyddodd iddo fo, sarj? Roedd golwg gythreulig ar y cradur.'

Ysgydwodd y sarjant ei ben.

''Dach chi'n meddwl ma' cael 'i hitio gan gar wnaeth o? *Hit an' run?*'

'Welist ti'r corff, Huw?'

Nodiodd y cwnstabl yn ddwys. 'Do, sarj.'

'Fasat ti'n deud mai car wnaeth y fath olwg arno fo?'

Trodd y plismon ifanc at y ffenestr ac aeth y sarjant yn ei flaen. 'Fasa'r un car wedi rhwygo'r cnawd oddi ar yr esgyrn fel y digwyddodd i'r cradur druan yna. Dydi car ddim yn . . . yn llarpio dyn!'

Trodd y cwnstabl i syllu'n anghrediniol.

'Does ond un ffordd y gallai Hans . . . ym . . . Lichmann fod wedi cael 'i ladd Huw. Fe'i llarpiwyd o gan ryw anifail neu anifeiliaid gwyllt. Mi fydd adroddiad y patholegydd yn siŵr o gadarnhau hynny. Rydw i wedi dechra gneud ymholiada'n barod oes 'na lew neu deigar neu ryw anifail gwyllt arall wedi denig o syrcas deithiol yn yr ardal 'ma yn rwla . . .'

*   *   *

'Roedd 'i ddillad o'n garpia, meddan nhw, a'i gnawd o'n waeth fyth . . . yn ridans ar hyd y lle.'

'Pwy sy'n deud?'

'Un o hogia'r ambiwlans. Fe aeth un ohonyn nhw'n sâl wrth weld perfadd y creadur ar hyd y ffordd. Jyrman oedd o, meddan nhw, yn bodio ar 'i wylia. Mi glywis rwbath tebyg ar ôl Huw Ellis plisman.'

'Wyt ti'n meddwl mai cŵn wnaeth?'

'Cŵn? Pam cŵn?'

'Now Dolau. Fe ddeudodd o rwbath am gŵn ar 'i ôl o, 'ndo? Falla nad oedd o ddim mor wirion wedi'r cyfan!'

*　　*　　*

'Sut ydach chi erbyn hyn, Now? Teimlo'n well?'

'Dwi'n iawn, Sarjant Puw . . . ar ôl dŵad dros y sioc, welwch chi. Nid fan 'ma di'n lle fi, beth bynnag. Syniad pa gythral oedd 'y ngyrru fi i seilam?' Fflach llygaid yr hen was yn wyllt a thorcalonnus.

'Nid seilam, Now . . . sbyty . . . iti gael chydig o dawelwch a chyfla i ddod atat dy hun, ti'n gweld. Mae gen i ffrindia'n fan 'ma sy isio gair bach efo ti. Dau dditectif. Saeson ydyn nhw, isio dy holi di ynglŷn â be ddigwyddodd iti nos Fercher dwytha.'

'Saeson? Dim uffar o beryg y siarada i efo nhw. Wnân nhw ddim byd ond chwerthin am 'y mhen i.'

'Ond mae'n rhaid iti 'u helpu nhw, Now. Wyddost ti fod 'na foi bach ifanc wedi'i ladd ar y ffordd yn ymyl Henblas y noson ar ôl i ti ddwâd i fan 'ma?'

'Cŵn?'

'Falla. Dyna mae'r ddau dditectif isio trio'i benderfynu. Wnei di'u helpu nhw?'

Edrychodd Now o'r naill ddieithryn i'r llall ac yna'n ôl ar Sarjant Puw. 'Mi siarada i efo chi Puw, ac mi gewch chi ddeud wrth y rhain wedyn yn ych ffordd ych hun. Dwi wedi mynd yn rhy hen i ddechra siarad iaith snob.'

Gwenodd y sarjant mewn anobaith a throi at y ddau gydymaith i egluro'r sefyllfa'n dawel iddynt. Nodiodd y ddau eu dealltwriaeth.

'Reit, Now! Os byddi di cystal â dweud wrtha i be'n union welist ti nos Ferchar.'

Rowliodd llygaid yr hen ŵr yn ei ben a chrafodd ei gorun moel yn ffyrnig wrth iddo ymgodymu â'r broblem o sut i ddechrau'r hanes. Winciodd y sarjant ar y ddau dditectif i awgrymu bod yn rhaid wrth amynedd efo'r hen was.

'Welis i gŵn, Puw . . . cŵn mawr gwyn a choch.' Daethai arswyd i'w lygaid gyda'r atgof ac aeth yn fud am rai eiliadau. 'Cŵn mawr gwyn a choch,' meddai wedyn. 'Cŵn Henblas . . . cŵn Annwfn!'

Llygadrythai'n wyllt fel pe'n gweld yr olygfa unwaith eto o'i flaen. Crynai'i gorff hen.

Trodd y sarjant at y ddau dditectif ac ailadrodd hynny o wybodaeth ag a gawsai hyd yma. 'Mae'n rhaid imi fod yn ofalus,' meddai wrthynt. 'Mae o mewn tipyn o oed wchi . . . wedi bod yn was yn y Dola ers dros hannar can mlynadd . . . a dydi o ddim fel pawb . . . wedi bod yn cael ffitia mawr pan oedd o'n iau. Mae Ambrose Owen yn dda iawn yn 'i gadw fo. Fasa ganddo fo'r unlla arall i fynd yn reit siŵr. Rhowch amsar iddo fo.'

Trawodd y sarjant ei law ar ysgwydd grynedig yr henwr o'i flaen. 'Dyna fo, Now! Mi wn i fod y profiad wedi dy ddychryn yn ofnadwy ond tria di ddeud pob dim wrtha i rŵan er mwyn inni gael dal y . . . y cŵn 'ma.'

''U dal nhw! Ddaliwch chi monyn nhw byth bythoedd, Puw . . . os nad ydach chi'n barod i fynd *yno* ar 'u hola nhw.'

Gwnaeth y sarjant bâr o lygaid ar ei gydweithwyr i awgrymu fod Now yn siarad mewn dirgelion.

'Dechra o'r dechra, Now. Mi est allan am beint nos Ferchar i'r Crown . . .'

'Do.'

'A sgwrsio efo Twm 'Refail a Sem Cariwr tan amsar cau.'

'Ia.'

'Be ddigwyddodd iti wedyn?'

'Mynd adra am y Dola.'

'Ar hyd yr hen lôn, heibio i'r hostel?'

'Wel ia, siŵr Dduw! 'Dach chi'm yn disgwyl imi fynd rownd drwy Llan!'

'Wedyn be?'

'Ro'n i wedi pasio'r hostel a mynd heibio i'r dreif i Henblas pan glywis i nhw. Ro'n i'n gwbod yn syth be oeddan nhw a dyma fi'n dringo'r goedan agosa ata i. Mi ges i dipyn o draffarth Puw, yn f'oed i . . .'

Nodiodd y sarjant mewn cydymdeimlad. 'Wedyn be?'

'Aros. 'U clŵad nhw'n dŵad i lawr y dreif fel petha cynddeiriog, ellyllon y fall, yn chwilio am . . . am waed a . . . a dial. Fe ddaethon allan i'r ffordd fel rhaib ac yn syth am y goedan lle roeddwn i. Roedd 'na dân yn 'u llygid nhw, Puw, ac roedd 'u dannadd nhw fel llafna cyllyll ac yn clecian dros bob man wrth iddyn nhw neidio i fyny a thrio cael gafael arna i.'

Sylwodd Sarjant Puw ar y dafnau o chwys ar dalcen yr hen ŵr a rhoddodd ei law ar ei ysgwydd eto i'w dawelu cyn troi at y ddau arall.

'Rhaid imi roi pum munud iddo fo ddŵad ato'i hun. Mae o wedi cael 'i ddychryn yn ofnadwy i bob golwg.' Yna aeth ymlaen i gyfieithu stori Now.

40

Cyrhaeddodd nyrs gyda hambwrdd ac arno baneidiau o de ac ychydig fisgedi.

'Diolch yn fawr, nyrs, am feddwl amdanon ni. Wel rŵan, Now, mae'r ddau ddyn diarth 'ma'n hynod o ddiolchgar iti am y wybodaeth—help mawr, meddan nhw—ond mae 'na un neu ddau o betha nad ydan ni'n ddallt yn iawn . . .'

'Gof'nwch 'ta.'

'I ddechra cychwyn, fe arhosist ti yn y goedan nes oedd hi wedi gwawrio bora difia?'

'Do.'

'Dyna pryd aeth y . . . y cŵn o 'no?'

'Nage. Mi aethon gyntad ag iddyn nhw sylweddoli 'mod i o'u cyrraedd nhw wel' di.'

'Wel pam na fasat ti wedi mynd nôl i'r Dola amsar hynny 'ta?'

'Dim ffiars o beryg. Mi wyddwn i 'i fod *o* a'i gŵn yn dal o gwmpas yn disgwyl amdana i.'

Taflodd y sarjant gip arwyddocaol ar ei gyfeillion cyn hoelio'i holl sylw ar Now unwaith eto. 'Fo? Am bwy wyt ti'n sôn?'

'Fe ddeudodd yn ddigon plaen cyn iddyn nhw ddŵad â fo i fan 'ma, flynyddoedd yn ôl, ma' dyna fasa'n digwydd . . . y basa cŵn Henblas yn gwarchod. Dwi wedi'i weld o sawl tro wrth fynd adra'r nos, i fyny wrth yr hen dŷ, ond dyma'r tro cynta imi weld y cŵn. Pam gythral maen nhw'n mynnu tynnu'r lle i lawr? Rhwystrwch nhw! . . . Rhwystrwch nhw!'

Roedd llais Now yn floedd a'i lygaid yn troelli a brysiodd y nyrs i mewn.

'Gwell ichi fynd, sarjant. Mae'n rhaid iddo gael llonydd.'

*   *   *

'Sarjant Puw a dau dditectif wedi bod yn gweld Now Dola yn Ninbach.'

'Pwy oedd yn deud?'

'Huw Ellis plisman.'

'I be?'

'I'w holi o.'

'Be ddeudodd o wrthyn nhw?'

'Tipyn o gowdal, ond mae Twm 'Refail a Sem Cariwr yn dallt yn iawn ac mae Puw a'r ddau arall wedi bod yn cael gair efo nhwtha ac wedi cael eglurhad.'

'O?'

'Do . . . wyt ti'n cofio rhywun yn byw yn Henblas?'

'Bobol bach, nac dw i!'

'Na finna . . . ond rwyt ti wedi clŵad sôn am Sgweiar Lloyd fyddai'n arfar byw yno. Mi aeth hwnnw'n fethdalwr yn 'i henaint ac fe anfonwyd bwmbeili yno i fynd â llawar o'i betha fo. Chafodd y creadur hwnnw ddim mynd yn agos at y tŷ yn ôl yr hanas. Gwn gan yr hen sgweiar ac roedd o'n bygwth gollwng 'i gŵn hela, bytheiaid Henblas, ar y beili i'w larpio fo.'

'Be ddigwyddodd wedyn?'

'Mi fu'n rhaid anfon plismyn i'r plas ac fe aed â'r sgweiar i'r seilam am 'i fod o wedi mynd yn hurt bost. Roedd o'n gweiddi nerth esgyrn 'i ben y basa fo'n dial ar unrhyw un fasa'n trio mynd â'r plas oddi arno fo.'

'A be ddigwyddodd?'

42

'Mi fu o farw'n fuan . . . yn y seilam.'

'A'r cŵn? Cŵn Henblas?'

'Mi gafodd y rheini'u difa i gyd. Doedden nhw'n dda i neb. Wedi mynd mor hurt â'r hen sgweiar, medden nhw. Fe fu'n rhaid 'u saethu nhw i gyd.'

'Boddro am hynny'r oedd Now felly. Meddwl bod y cŵn yn dal yn fyw.'

'Nid boddro . . . yn ôl Twm 'Refail, beth bynnag.'

'Be wyt ti'n feddwl?'

'Mi fyddai Now yn deud yn amal wrthyn nhw yn y Crown 'i fod o wedi gweld a chlŵad Sgweiar Lloyd yn gweiddi bygythion o'r hen blas.'

'Ar 'i ffordd adra o'r Crown, mae'n siŵr, a Now wedi'i dal hi.'

'Ar 'i ffordd adra, ia . . . yn y nos . . . ond mi fyddai'n 'i weld o'n gyson ac mae 'na un neu ddau arall wedi honni'r un peth.'

'Ysbryd? Twt lol!'

*   *   *

'Dwi wedi dŵad i gael gair efo ti eto, Now. Sut wyt ti'n teimlo erbyn hyn?'

'Iawn, Puw. Pryd ga i ddŵad adra i'r Dola?'

'Pan ddeudith y doctor. Yn bur fuan, mae'n siŵr. Mi ges i air efo Twm 'Refail a Sem Cariwr ddoe.'

'O?'

'Y ddau'n cofio atat ti ac isio iti frysio i wella.'

'O!'

'Roedden nhw'n deud rhyw stori ryfadd wrtha i.'

'Am be 'lly?'

43

'Henblas.'

'O!'

'Am yr hen Sgweiar Lloyd a'i gŵn . . . amdano fo'n cael 'i hel o'r plas.'

'Mae'n ddigon gwir.'

''I ysbryd o'n dal i aflonyddu yno, meddan nhw.'

'Mi ddeudis i hynny wrthach chi.'

'Wyt ti wedi'i weld o, Now?'

'Do.'

'A'i glŵad o?'

'Wel do! Dwi 'di deud wrthach chi.'

'Be oedd o'n ddeud?'

'Gweiddi bygythion . . . rhoi melltith ar bawb âi'n agos at y plas.'

'Wyt ti'n credu mai'r sgweiar oedd 'no, Now? Ysbryd?'

Cododd yr hen ŵr ei olygon yn sydyn a syllu i fyw llygaid y sarjant. Gwelodd yr amheuaeth gwamal ynddynt a gwylltiodd.

'Ewch o 'ma Puw, os nad ydach chi'n 'y nghredu i. Ewch o 'ma, i neud hwyl am 'y mhen i!' Yna aeth yn ddwys drosto. 'Nage, gwrandwch. Dydw i ddim yn hurt ac nid fan 'ma ydi'm lle i. Mi wn i be dwi'n ddeud yn iawn.'

Fe'i gwnaeth y sarjant ei hun yn gyfforddus unwaith eto.

'Dwi wedi gweld yr hen sgweiar amryw byd o weithia . . . wedi hen arfar 'i weld o . . . a'i glŵad o. Ond fydda fo byth yn codi dychryn arna i, er 'i holl fygythion. Mi wyddwn i o'r gora mai ysbryd oedd o ond mi fydda fo bob amsar yn ddigon pell oddi wrtha i a faswn inna byth yn meiddio mynd i fyny dreif Henblas wedi iddi dwllu . . .'

'Welsoch chi'r cŵn o'r blaen 'ta, Now?'

Cymylodd wyneb yr hen was.

'Naddo . . . na'u clŵad nhw. Ond mi wn i pam 'u bod nhw o gwmpas rŵan.'

'O?'

'Ar ôl be ddigwyddodd bythefnos yn ôl.'

'Be oedd hynny?'

'Y plant 'na'n brifo wrth chwara yn yr hen blas. 'Dach chi'n cofio?'

'Ydw, siŵr. Carrag o'r adfeilion yn disgyn a chracio asgwrn pen un ohonyn nhw. Bron iawn iddo fo gael 'i ladd ac mae o'n wael iawn o hyd yn Lerpwl. Roedd o'n lle rhy beryglus i blant chwara.'

'A be ddigwyddodd wedyn, Puw?' Syllai Now yn dreiddgar ar y sarjant wrth ddisgwyl am ateb.

'Be wyt ti'n feddwl, Now? Be ddaru ddigwydd wedyn?'

'Wel, mi ddaru rhywun neu'i gilydd benderfynu fod yr hen blas yn rhy beryglus fel roedd o . . . yn rhy beryglus i gael aros ar 'i draed yntê.'

'Wel do, rwyt ti'n iawn, Now . . . ac fe anfonwyd gweithwyr yno i chwalu rhannau perycla'r hen dŷ.'

'Wel dyna chi, Puw! Dyna pam mae'r cŵn yn ôl . . . i warchod y lle. Cŵn Henblas . . . cŵn Annwfn rŵan!'

*　　　*　　　*

Gollyngodd y crwner ei feiro ar y ddesg o'i flaen a syllu'n anghrediniol ar y sarjant a oedd yn rhoi'i dystiolaeth.

'Sarjant Puw!' meddai'n sur, ar ôl i hwnnw orffen. 'Ydach chi o ddifri yn cynnig y stori yna fel eglurhad am farwolaeth Hans Lichmann? 'Dach chi'n trio deud wrth y llys hwn mai ysbryd oedd yn gyfrifol am y drosedd echrydus 'ma?'

Arhosodd y crwner am ateb. Crechwenodd nifer o'r rhai oedd yn bresennol a gwridodd Sarjant Puw hyd at fôn ei wallt.

'Nac 'dw, syr,' meddai'n euog. 'Y cwbwl wnes i oedd ail-adrodd be ddeudodd Now . . . ym . . . Owen Thomas y Dolau.'

'Ac ymhle mae'r Owen Thomas y Dolau 'ma rŵan, sarjant?'

Rwyt ti'n gwbod o'r gora'r cythral, meddyliodd y plismon. *Trio gneud mwy o ffŵl ohono i rwyt ti.* 'Dinbych, syr. Yn yr ysbyty.'

'Ia . . . hm . . . wel . . . ym . . . pawb i farnu drosto'i hun felly, yntê sarjant?'

Crechwenodd pawb eto.

'A dyna'r unig dystiolaeth sy gan yr heddlu i'w chynnig yn yr achos yma?'

'Ia, mae arna i ofn, syr. Dydan ni ddim wedi llwyddo i ddod o hyd i'r anifail neu'r anifeiliaid ddaru ladd Hans Lichmann, ac mae'r patholegydd, fel y clywson ni, syr, yn awgrymu mai cŵn o ryw fath oedd yn gyfrifol.'

'Ia, wel, mae'n rhaid i'r heddlu chwilio'n fwy dyfal felly. O'r wybodaeth a gyflwynwyd alla i ddim dyfarnu'n bendant ar yr achos hwn, ar bwy neu be laddodd na sut y lladdwyd Hans Lichmann. Bydd yn rhaid cadw barn agored.'

*   *   *

Noson olaf o Awst. Noson gymylog a'r awel gref yn chwarae â dail y coed o boptu'r ffordd.

'Maen nhw'n dod eto, y diawliaid beiddgar!' Cipid ei

lais gorffwyll gan y gwynt. 'Rhaid ichi ddial! Rhaid ichi ddial!'

Llosgai'r llygaid yn farwor coch wrth i'r cyfarth ddechrau. Roedd arlliw o gochni hefyd ar y dannedd hir sgyrnygus a chodai'r gwrychyn gwyn ar y gwarrau milain. Sgrialodd pob gwiwer a chwningen am ei gwâl wrth i duth y fyddin ddialgar droi'n rhuthr du trwy gysgodion coed y dreif . . .

'Na, rydan ni ar y ffordd iawn, Rosie.'

Taflodd y cerddwr blinedig olau fflachlamp ar yr arwyddbost er mwyn i'w gariad hefyd gael ei weld: *Dolau* i'r chwith, *Youth Hostel* yn syth ymlaen.

'Tyrd. Mi fyddwn yno gyda hyn.'

Ar Ffordd y Meirw

'Aros yma heno, Tom . . . plîs.'

Roedd y tri wedi treulio noson ddifyr yng nghwmni'i gilydd, y swper wedi'i baratoi'n ofalus gan Nora gyda dau neu dri gwydraid o win i'w dreulio. Griff wedyn wedi agor potel o frandi yn arbennig oherwydd yr achlysur a'r sgwrs am yr hen ddyddiau wedi bod yn un hir a llawn atgofion. Pymtheng mlynedd ar hugain oddi ar iddynt gyfarfod â'i gilydd ddiwethaf . . . a'r nos wedi mynd yn hwyr.

'Na wir, Nora. Diolch yn fawr iti am gynnig ond mi fydd yn rhaid imi fynd adre. Codi'n gynnar fory. Mae'r swyddfa 'cw fel ffair ar fore Llun.'

A dweud y gwir, oni bai am y stori yr oedd newydd fod yn gwrando arni ni fyddai dim wedi bod yn well gan Tom na threulio'r nos yng Nghaer-y-gwynt, cartref newydd Griff a Nora. *Adre* iddo ef, hen lanc, oedd fflat ddigysur uwchben siop ar stryd fawr Llan-graig. Llofft a gwely oer fyddai'n ei aros. Go wahanol i foethusrwydd a chysur Caer-y-gwynt.

'Twt!' meddai Griff. 'Rhyw ugain milltir o daith ydi hi. Chymeri di fawr mwy na hanner awr i fynd bore fory.'

Ni allai llais Griff na llygaid Nora guddio'u taerineb a theimlai Tom mewn tipyn o gyfyng-gyngor. Doedd ganddo fawr o awydd cychwyn allan i'r nos ond ar ôl gwrando ar stori Griff y peth olaf a deimlai fel ei wneud oedd treulio oriau'r tywyllwch dan gronglwyd Caer-y-gwynt. Gresyn iddo holi o gwbl.

Cwestiwn digon diniwed a roddodd gychwyn i'r cyfan. 'Be wnaeth iti brynu'r tŷ mawr 'ma, Griff?'

A dyna gael y stori i gyd . . . a mwy!

'Wel Tom, roedd Nora a finna wedi penderfynu ers tro byd ein bod ni am ddod yn ôl i Gymru ar ôl i mi ymddeol, yn ôl i'r hen ardal os oedd hynny'n bosib. A phan ddaeth y cynnig imi ymddeol yn gynnar dyma neidio am y cyfla a dod drosodd i gael golwg ar dai gwag. Roedden ni'n awyddus i gael lle a thipyn o dir o'i gwmpas a phan ddisgynsom, fel petai, ar Gaer-y-gwynt 'ma, wel . . .'

'Mi ddaru ni'n dau syrthio mewn cariad efo'r lle'n syth,' meddai Nora ond sylwodd Tom nad oedd dim eiddgarwch yn ei llais. 'Digwydd troi oddi ar y ffordd fawr yn Llwyngwydion wnaethon ni am ei bod yn dywydd mor fendigedig a ninnau â digon o amser. Trafaelio'n hamddenol braf rhwng y gwrychoedd ar hyd y lôn fach gul 'na a mwya sydyn dyma weld arwydd mawr AR WERTH ar waelod y dreif.'

'Ia', torrodd Griff ar ei thraws, 'a doedd byw na marw wedyn nes cael gweld y lle. Roedd yn fwy na'r hyn oedden ni'n chwilio amdano, rhyw hanner plasty fel petai, ond roedd Nora 'ma wedi gwirioni'n lân ar yr olwg gynta.'

'Titha hefyd, petaet ti ond yn cyfadda,' meddai hithau. 'Er bod yr ardd yn wyllt a'r lawnt yr holl ffordd i lawr at y ffordd eisiau'i thorri, roedd y coed rhododendron o boptu'r dreif yn llawn bloda ac yn werth 'u gweld.'

Chwarddodd Griff. 'Jyst fel merch! Ffansïo'r ardd yn fwy na'r tŷ! Ond mae'n rhaid cyfadda 'mod inna hefyd wedi cymryd at y lle'n syth. Roedd y ffaith 'i fod o mor hen ac yn boddi mewn hanas yn apelio'n fawr ata i. Cryn dipyn o waith trwsio a pheintio cofia, Tom, ond problem fach oedd honno.'

Gwenodd Tom. Gwyddai nad oedd ei ffrind wedi gorfod ymboeni ynghylch costau'r atgyweirio. Heblaw iddo ddal swydd uchel am flynyddoedd gyda chwmni olew *Shell* yn eu pencadlys yn Amsterdam, gwyddai Tom hefyd fod Griff wedi etifeddu miloedd o bunnoedd ar ôl dwy hen fodryb iddo. Hawdd iddo ymddeol yn gynnar, dair blynedd cyn bod yn drigain oed. *Un lwcus fu o erioed,* meddyliodd yn eiddigeddus, *ond chwarae teg iddo fo, dydi o wedi newid dim. Na hitha chwaith. Does dim byd yn fawreddog ynddo fo na Nora. Maen nhw'n dal i gofio'u hen ffrindia, beth bynnag.*

Aeth Griff ymlaen. 'Wel, dyna fynd yn syth at y cwmni gwerthu i holi. Y lle wedi bod yn wag ers bron i dair blynedd, medden nhw, a wnes inna ddim meddwl gofyn pam, gwaetha'r modd. Roedd y pris yn fwy na rhesymol . . . hynny'n rhybudd pellach, pe bawn i wedi meddwl . . .'

Taflodd Griff edrychiad arwyddocaol ar ei wraig a gwelodd Tom fflach o anesmwythyd—nage, ofn—yn ei llygaid. Ni allai egluro'r oerni a gerddodd yr eiliad honno dros ei gorff a'i feddwl dryslyd.

'Ta waeth, fe brynson ni'r lle a chael gweithwyr a garddwr yma i gael trefn ar betha. Ac wedyn, rhyw ddeufis yn ôl, gadael Amsterdam a dod yn ôl i'r hen wlad . . . a rŵan mae Caer-y-gwynt ar werth eto!'

'Be?' Rhyw fwmblan y geiriau olaf a wnaethai Griff a doedd Tom ddim yn siŵr a oedd wedi clywed yn iawn ai peidio.

'Ydi, mae Caer-y-gwynt ar werth.' A chyn i Tom fedru

cael gwared o'r olwg hurt ar ei wyneb aeth Griff ymlaen. 'Mae 'na ysbryd yma!' Daeth y geiriau fel chwip.

Chwarddodd Tom yn nerfus. Roedd Griff yn cellwair, siŵr o fod . . . ond doedd ei wyneb ddim yn awgrymu hynny. Sylwodd fel roedd ei wedd wedi gwelwi nes peri i ffrâm ddu drom ei sbectol ddod yn fwy amlwg ar ei drwyn. Roedd tyndra hefyd i'w weld yn y pwt o graith ar ochr ei dalcen. Na, doedd o ddim yn cellwair . . . a doedd dim gwên ar wyneb Nora chwaith. Roedd ei gwefusau hi'n dynn a'r gwaed wedi'i wasgu ohonynt.

'Wyt ti o ddifri?'

'Fûm i rioed yn fwy difrifol, yn reit siŵr iti. Mae Nora a finna wedi cael digon. Rydw i'n chwilio am dŷ arall a gynted ag y cawn ni un mi fyddwn yn symud o fan 'ma. Gym'ri di ragor o frandi?'

Nid oedd raid cynnig ddwywaith a chafodd Tom fesur go dda yn ei wydryn. Sylwodd fod Griff wedi tywallt llawn cymaint os nad mwy iddo'i hun a bod Nora hefyd wedi gwthio'i gwydryn hi at y botel.

''Dach chi wedi gweld yr . . . yr ysbryd?' Roedd y cwestiwn yn swnio'n afreal.

Bu'r ateb yn hir yn dod, fel pe bai Griff wedi gorfod meddwl yn ofalus sut i egluro. 'Naddo,' meddai o'r diwedd, 'ddim yn hollol.'

Distawrwydd eto am rai eiliadau. 'Ond 'dan ni wedi'i glŵad o . . . a'i ogleuo . . .'

Aeth y tawelwch yn un hir ac anesmwyth y tro hwn. Ni wyddai Tom beth i'w ddweud, na'i wneud. Chwerthin a thwt-twtian falla? Na, roedd wynebau Griff a Nora yn rhwystro hynny, y ddau ohonynt mewn oed cyfrifol, wedi cael addysg dda, wedi gweld y byd. Na, nid dychymyg ac ofn gwirion oedd yma.

'Sŵn gwynt,' eglurodd Griff ymhen sbel, 'gwynt mor gry nes bod y tŷ 'ma'n ysgwyd ar ei seilia, a'r ogla mwya uffernol y medri di feddwl amdano fo . . . ogla cyrff yn pydru!'

'A dyna pam fod y tŷ wedi bod yn wag cyhyd? Ac mor rhesymol ei bris?'

'Ia. Dwi wedi bod yn gneud ymholiada yn ystod y tair wythnos dwytha. Fe gawson ni'n dychryn ar y noson gynta yma. Roedd Nora a finna yn mynd i'r gwely, wedi ymlâdd ar ôl dyddia prysur y mudo o Amsterdam. Ar y grisia'r oedden ni ar y pryd. Yr ogla ddaeth gynta a ninna'n meddwl ar y cychwyn fod 'na lygodan fawr ne rwbath wedi marw yn y tŷ . . . ond fe waethygodd y drewdod nes 'i fod o'n llenwi pob man a ninna prin yn meiddio anadlu. Wedyn dyma'r gwynt yn codi a'r ysgwyd yn dechra. Nora a finna'n cydio am ein bywyda yn y canllaw ar ochor y grisia ac yn ofni gweld y to'n syrthio i mewn.'

Syllai Griff yn wyllt i lygaid ei ffrind fel petai'n mynnu iddo ei gredu. 'Be sy'n rhyfadd,' meddai wedyn, 'ydi nad oedd y tŷ'i hun yn ddim gwaeth ar ôl iddi dawelu. Roedd 'na lestri a phetha fel 'na wedi malu yn y gegin ac roedd hen gloc mawr y teulu wedi disgyn ar 'i wynab a malu'n deilchion, ond doedd y tŷ 'i hun yn ddim gwaeth . . . dim llechi oddi ar y to, potiau'r cyrn yn dal yn eu lle. Pob dim felly'n iawn.'

Eiliadau o dawelwch trwm eto a'r rheini'n llethol. Yna aeth Griff ymlaen. 'Ar y cychwyn, roedden ni'n meddwl mai daeargryn oedd wedi achosi'r cryndod, neu ffrwydrad go fawr falla, ond chlywson ni neb arall yn yr ardal yn sôn dim am y peth. Doedd neb wedi teimlo'r ysgwyd na chlywed sŵn y gwynt na dim a dyna ni'n ei dderbyn fel un o'r petha anesboniadwy 'ma sy'n digwydd weithia.'

'Beth am y drewdod?'

'Fe ddiflannodd hwnnw hefyd . . . yr un pryd â'r sŵn a'r ysgwyd.'

'Ac mi ddigwyddodd wedyn?'

'Do, dridiau'n ddiweddarach . . . a thridiau ar ôl hynny wedyn. Yr ogla melltigedig i ddechra, yna'r sŵn a'r ysgwyd. Dyna pryd y dechreuais i neud ymholiada o ddifri. Holi'n lleol gynta, holi hen greaduriaid yr ardal a chael yr un ateb bob tro: Caer-y-gwynt wedi bod yn wag yn amlach na pheidio, neb wedi aros yma'n hir. Ysbryd, medden nhw, ond neb i'w weld yn gwybod mwy na hynny. Fe ges i offeiriad yma i wared y tŷ o'r ysbryd aflan . . . ond fel arall y bu hi! Fe rannodd y profiad efo ni ac fe aeth o 'ma drannoeth wedi dychryn am 'i hoedal. Yna, ar ôl diodda bob tridiau am chwech wythnos dyna benderfynu mynd o 'ma am seibiant ac yn y cyfamser rhoi'r tŷ ar werth. Echdoe y daethon ni'n ôl.'

'Oes 'na rywun wedi bod yn holi?'

'Neb, hyd y gwn i . . . ond tra roedden ni i ffwrdd fe ddois i i wraidd y trafferth, dwi'n meddwl.'

Eisteddodd Tom ar ymyl ei gadair a drachtio o'r brandi nes teimlo'i lwnc ar dân. 'O? Be glywist ti?'

'Nid clywad, Tom . . . darllan. Mi es â Nora i lawr i Aberystwyth. Pythefnos mewn gwesty a chyfla inni'n dau ymlacio dipyn ac iddi hitha ymweld â'i theulu yn Llannon. A thra oedd hi yn fan 'no yn clebran mi es inna i'r Llyfrgell Genedlaethol i neud chydig o ymchwil. O hir

chwilio, dyna ddod o hyd i ffeithia diddorol am y tŷ 'ma.
Yn y lle cynta, wyddost ti fod rhan ohono fo'n mynd yn ôl
i'r bedwaredd ganrif ar ddeg? Owain Glyn Dŵr wedi
cuddio yma, yn ôl un stori. Dwn i ddim be am hynny ond
mi wn i fod llys Caer-y-gwynt yn enwog yn y cyfnod
hwnnw a bod yma fardd llys. Guto'r Glyn wedi bod yma'n
clera hefyd, meddai un o'r llyfrgellwyr wrtha i.'

Arhosodd am ymateb Tom ond ei siomi a gafodd. 'O!'
meddai hwnnw a'i wyneb yn ddifynegiant. Doedd
ganddo mo'r syniad lleiaf pwy oedd Guto'r Glyn. 'Oedd
'na sôn am ysbryd yr adeg honno?'

'Dim byd pendant ond mi ddois o hyd i bwt o hen
gywydd anhysbys . . . wel nid y fi, a deud y gwir, ond rhyw
ddyn oedd yn gweithio yn y llyfrgell. Mi gym'rodd ddi-
ddordab mawr yn fy stori oherwydd fod 'na hen hen gopi
o gywydd yn y llyfrgell yn sôn am Gaer-y-gwynt. Roedd o
wedi pendroni llawar iawn uwchben y cywydd, medda fo,
ond heb feddwl llawar am leoliad y llys; wedi tybio fod y
lle wedi mynd â'i ben iddo ers talwm. Ta waeth, y cywydd
oedd ei ddiddordeb am fod hwnnw mor wahanol i
unrhyw gywydd arall y gwyddai amdano. Ac roedd fy
stori i yn help iddo fo ddallt y farddoniaeth yn well, medda
fo.'

'Ond fedrai o ddim egluro'r ysbryd?' Gwnâi Tom ei
orau i guddio'i ddiflastod.

'Darllan hwn!' Daliodd Griff ddalen o bapur iddo.
'Dyma iti gopi o'r cywydd.'

Eisteddodd y gŵr a'r wraig yn dawel i sipian eu brandi
tra darllenai Tom. Cododd hwnnw'i ben yn ddryslyd o'r
diwedd.

'Mae'n ddrwg gen i ond prin y medra i ddarllan hwn, heb sôn am 'i ddallt o.'

'Hidia befo hynny rŵan,' meddai Griff. 'Edrych ar y tri chwpled sydd wedi'u tanlinellu. Rheina sy'n ddiddorol, medda boi'r llyfrgell.'

Ailddarllenodd Tom, yn uchel a chloff:

> 'Caer, di bensaer distryw bedd,
> Y Gwynt, brudded dy gyntedd . . .
> Pand difrodwr pob gŵr gau
> A faidd godi ar feddau? . . .
> Noddwr yn aflonyddu
> Ar gwsg y dewr, gysgod du . . .

Wel? Be mae o'n feddwl?'

'Yn ôl y dyn 'ma yn y llyfrgell—ac roedd o'n amlwg yn gwbod am be'r oedd o'n sôn—un o fân feirdd y cyfnod oedd hwn, mae'n debyg. Go brin mai fo oedd bardd llys Caer-y-gwynt neu fasa fo ddim wedi darogan gwae fel hyn.'

'Darogan gwae? Dwi yn y niwl yn lân.'

'Finna hefyd, nes i'r llyfrgellydd 'na egluro imi. Mae pob dim yn y cywydd, medda fo, yn awgrymu fod Caer-y-gwynt wedi'i adeiladu ar fedd neu hyd yn oed fynwent. Mae'r bardd yn beirniadu'r noddwr neu'r uchelwr a feiddiodd godi'i dŷ ar le felly ac mae'n proffwydo y daw dial am hynny.'

'Argol fawr!'

'Ia. Rŵan wyt ti'n dallt?'

Nodiodd Tom ei ben yn araf a dwys ac aeth Griff ymlaen â'i stori. 'Ar ôl egluro'r cywydd imi dyma'r llyfrgellydd yn mynd â fi i adran arall o'r llyfrgell ac yn dechra chwilio trwy hen lyfra a llawysgrifa ond chawson ni hyd i ddim y pnawn hwnnw. "Dowch yn ôl fory," medda fo. Wel, i dorri'r stori'n fyr, pan gyrhaeddais i'r llyfrgell drannoeth roedd o'n disgwyl amdana i a'i lygaid yn dangos 'i fod o wedi darganfod rhwbath o bwys. Aeth â fi'n syth at fwrdd yn adran y llawysgrifau lle'r oedd hen lawysgrif wedi'i gosod allan yn barod imi. Chawn i ddim cyffwrdd y memrwn ar unrhyw gyfri gan 'i fod o mor hen a bregus ond mi ddangosodd dudalen imi lle'r oedd cyfeiriad pendant at adeiladu Caer-y-gwynt. Tro'r papur drosodd, Tom, ac fe weli di be oedd wedi'i sgwennu yno. Mae o wedi'i gopïo yn union fel ag yr oedd o yn y llawysgrif.'

Ysgwyd ei ben yn anobeithiol a wnâi Tom wrth syllu ar y geiriau:

caer y gwint y llys honn a edeiledwis idig uab collwyn bengam ar fedrodeu arwyr cad gofanon gwyr caswallawn geif dial ar yspeilwyr hun

Cydiodd Griff yn y papur a darllenodd y geiriau yn araf gan roddi saib atalnod llawn ar ôl yr enw Gofannon. 'Mae'n debyg,' eglurodd, 'mai rhyw ŵr o'r enw Iddig fab Collwyn Bengam a gododd adeilad cyntaf Caer-y-gwynt a'i fod o wedi gneud hynny ar safle Brwydr Gofannon, pryd bynnag oedd honno. Yn ôl pob golwg fe laddwyd milwyr Caswallon yn y frwydr honno ac fe'u claddwyd nhw yma. Mae pwy bynnag a sgwennodd y geiria yma yn deud y bydd y cyrff neu'r celanedd yn dial ar y rhai sy'n dwyn eu cwsg.'

Wrth wrando ar Griff yn egluro teimlai Tom ryw oerni dieithr yn cerdded drosto. Ceisiodd glirio'i wddf i siarad ond methai gael gwared o'r crygni.

'A dyna wyt ti'n feddwl sy'n dal i ddigwydd yma?' Ceisiai swnio'n anghrediniol ond roedd stori Griff wedi gadael ei hargraff arno.

'Pa eglurhad arall sy 'na?'

Llyncodd weddill ei frandi, edrych ar ei wats a cheisio ymddangos yn di-hid. 'Ia, falla. Wel, mae'n rhaid imi 'i throi hi. Mae'n chwartar i un. Mae wedi bod yn braf cael cwarfod eto ar ôl yr holl flynyddoedd a hel atgofion . . . ac mae'r hanas am y tŷ 'ma wedi bod yn . . . ym . . . ddiddorol, a deud y lleia.'

'Wyt ti'n siŵr na wnei di ddim aros y nos, Tom?'

'Yn berffaith siŵr, Nora.' A oedd ei atebiad sydyn wedi bradychu'i ofn? Brysiodd i ddileu'r argraff. 'Diolch yn fawr iti, Nora, am bryd o fwyd bendigedig. Does ryfadd fod Griff 'ma'n mynd yn dew. Gobeithio y ca' i wahoddiad yma eto'n fuan,' meddai'n ysgafn gan addo iddo'i hun yr un pryd y byddai'n gwneud esgus i wrthod y cynnig pe bai hynny'n digwydd. 'Neu'n well fyth, i'ch tŷ newydd chi!' A chwarddodd yn nerfus. 'Mi a' i rŵan. Gobeithio nad ydi'r holl frandi a gwin 'na wedi mynd i 'mhen i!'

Byr iawn fu'r ffarwelio ar garreg y drws a sylwodd fod Griff wedi cau a bolltio'r drws mawr derw cyn iddo gael cyfle i danio peiriant ei gar. *Mae'r ddau yn fwy ofnus na maen nhw'n ymddangos,* meddyliodd, *a wela i ddim bai arnyn nhw chwaith. Pwy fasa'n byw yn y blydi lle? . . . Er mai rhyw stori ofergoelus ydi'r cwbwl yn y pen draw mae'n siŵr.*

Go wan oedd y cynnig ar reoli'i ofn. Ers meitin, roedd syniad annifyr wedi bod yn cyniwair yn ei feddwl, yn ei fwyta o'r tu mewn fel pry mewn ffrwyth. Yn ôl Griff, aflonyddid ar y tŷ bob teirnos er pan ddaethent yno i fyw. Echdoe y daeth y ddau yn ôl o Aberystwyth, medden nhw, a doedd dim sôn wedi bod yn ystod y sgwrs fod dim wedi digwydd ers hynny. Felly . . .

Pwysodd ar y sbardun a llithrodd y car yn swnllyd dros y graean tua'r dreif. Roedd yn gorfod brwydro rhag gadael i'w ofn droi'n banig. Gwyddai'i fod yn gyrru'n rhy gyflym yn barod ond cynyddai'r ysfa i fynd yn gynt.

Llyncwyd y car gan dywyllwch y coed rhododendron o boptu'r dreif. Dyna pryd y dechreuodd yr arogl dreiddio i mewn. Y fath ddrewdod ffiaidd! Arogl pydredd—pydredd marwolaeth—yn ei dagu. Sylweddolodd fod y car wedi stopio a bod y golau wedi diffodd. Ni allai Tom fod yn siŵr ai stopio ohono'i hun a wnaeth ynteu a oedd ef wedi rhoi'i droed yn ddiarwybod ar y brêc. Ond i be y gwnaethai hynny?

Ni chafodd gyfle i bendroni. Roedd y gwynt yn codi nes ysgwyd y car fel pe bai ar fôr stormus a'r coed a'r dail o'i gwmpas yn ysgwyd yn swnllyd. Tybiai glywed ochenaid hir yn sŵn y gwynt a thrwst arfau ac ymladd yng nghlindarddach y dail. Aeth ei gorff yn groen gŵydd drosto a churai'i galon mor ffyrnig nes peri i'r gwaed ddyrnu yn ei ben.

Gwyddai wrth reddf fod rhywbeth yn digwydd tu ôl iddo ac er mor gyndyn yr oedd i edrych, eto i gyd roedd rhyw rym rhyfedd yn ei orfodi i droi'i ben a syllu'n ôl at y tŷ. Roedd y coed fel twnnel am y dreif a Chaer-y-gwynt i'w weld fel petai trwy delesgop yn ei ben draw, yn ddu yn erbyn awyr y nos. Lledai gwawr olau ryfedd o'i gwmpas a chyn hir gwelodd Tom y rheswm pam. Yn araf cododd llygad mawr o leuad uwchben y tŷ gan adael Caer-y-gwynt fel petai wedi'i bastio ar gefndir dulas. Ond nid tŷ a welai Tom yr eiliad honno ond caer o ryw hen, hen oes ac yn y cip hwnnw o'r gorffennol gwelodd olygfa a fferrodd y gwaed

58

yn ei wythiennau ac a barodd i'w gnawd droi'n gryndod oer
i gyd. Anghofiodd y drewdod a'r cryndod o'i gwmpas wrth
i'w sylw gael ei hoelio ar siapiau tywyll ugain a rhagor o
filwyr hirwallt yn symud yn araf ond sicr i amgylchynu'r
gaer. Llewyrchai'r lloer ar eu llurigau lledr a chariai pob un
darian loyw yn un llaw a chleddyf neu waywffon finiog yn
y llall. Fel y diflannent i ddüwch cefndir Caer-y-gwynt
nofiodd cwmwl dros lantern y nos a daeth Tom unwaith yn
rhagor yn ymwybodol o sŵn brwydr yng nghyffro'r coed ac
ochneidio hir digalon yn chwiban y gwynt. Gwaethygodd y
drewdod yn y car nes peri iddo gyfogi.

*   *   *

Sŵn peiriant y car yn deffro a ddaeth ag ef ato'i hun. Yna
trywanodd pelydrau cryf y lampau trwy gysgodion y coed
rhododendron a düwch y dreif. Teimlai Tom yn oer fel pe
bai newydd ddeffro. Taflodd olwg wyllt o'i gwmpas ond nid
oedd dim byd annaturiol i'w gynhyrfu. Breuddwyd fu'r
cyfan . . . ia, breuddwyd. Gollyngodd y brêc a gwasgodd ar
y sbardun. Wrth wibio allan i'r lôn a'r awyr agored clywai
eiriau'r bardd a phroffwydoliaeth yr hanesydd fel cnul yn ei
ben:

> *Noddwr yn aflonyddu*
> *Ar gwsg y dewr . . .*
> *Gwŷr Caswallon gaiff ddial ar ysbeilwyr hun.*

Y Gwely Caled

Mae'n bwrw cenllysg, ond dwi wedi blino gormod i agor fy llygaid. Mae 'mhen i'n drwm ac mae'n braf, braf cael suddo eto i drymgwsg. Cenllysg oedd yna, tybed? Nage. Erbyn rŵan mae'n debycach i rywun yn curo drwm, neu'n dobio rhwbath yn bell, bell i ffwrdd . . . uwch fy mhen . . . neu yn fy mhen . . . fedra i ddim bod yn siŵr.

Dydw i ddim yn gyfforddus iawn ond dwi wedi blino gormod i boeni am hynny. Ble mae Alis tybed? Rhaid imi gofio ymddiheuro iddi . . . ar ôl imi ddeffro'n iawn. Mae'r sŵn i'w glywed o hyd. Mae o fel gordd yn fy mhen i, a does gen i ddim awydd agor fy llygaid . . .

Mae'r tŷ'n ddistaw iawn, choelia i byth! Dim sôn am Alis . . . ac mae'r gwely 'ma'n galed. Mi ddaw Alis â phaned o de imi mewn munud, mae'n siŵr. Na, go brin hefyd, ar ôl y ffrae. Do, mi gawson ni andras o ffrae, Alis a finna, ond fedra i yn fy myw gofio pam. Mi fedra i gofio'i bygwth hi! Bygwth ei thaflu hi o'r tŷ. Alis druan! Faswn i byth yn gneud hynny. Be ar y ddaear wnaeth imi ddeud y fath beth? Pe bai'r sŵn 'na'n distewi mi allwn i feddwl yn gliriach . . .

Bobol bach, mae'r gwely 'ma'n anghyfforddus! Ond fedra i ddim meddwl symud. Mae 'mhen i fel meipen. Rydw i'n gorwedd reit wrth y pared, mae'n rhaid. Mi alla i deimlo'r wal yn gras efo blaenau fy mysedd. Mi fydd yn rhaid imi bapuro'r llofft! Mi blesith hynny Alis. Fe gaiff hi ofyn i Ellis Peintar ddŵad yma i beintio a phapuro'r llofft. Mae'n bwysig 'mod i'n plesio Alis.

Pam wnes i 'i bygwth hi, tybed? Alla i ddim meddwl yn glir. Mae'n rhaid imi gysgu. Mae fy llygaid yn cael eu tynnu i berfeddion fy mhen!

Rydw i'n cael hunlle! Yn methu'n lân â chael fy ngwynt . . . pwysa mawr ar fy mrest i . . . y sŵn uwchben yn ddidrugaredd . . . yn ddiderfyn. Mi fedra i weld Alis yn cerdded trwy Goedmynach, ei gwallt melyn a'i ffrog las yn nofio'n ysgafn yn yr awel. Mae hi'n bictiwr i'w gweld, a dwi'n gwenu, am mai 'ngwraig i ydi hi . . . Ond nid fi ydi hwnna sy'n ei chwarfod hi chwaith! Nid fi ydi hwnna sy'n gafael amdani . . .! Dwi'n 'i nabod o hefyd! Mae o'n dŵad yn amal i'n tŷ ni . . . yn cael swper acw . . . ac Alis a fynta'n sbio'n slei ar ei gilydd . . . Dwi'n 'i nabod o'n iawn! Edwin ydi o! Edwin, fy mrawd! Maen nhw'n siarad rŵan . . . yn rhy ddistaw i mi na neb arall eu clŵad nhw. Mi a' i'n nes, yn dawel bach. 'Does yna ond un ffordd, Alis,' medda fo. 'Mae'n rhaid cael gwared o Twm . . .' Gwared o Twm? Ond fi ydi Twm! Fi ydi Twm . . .

Fi ydi Twm, fi ydi Twm.

Ac mae'r cenllysg yn curo yn fy mhen fel drwm.

Dwi'n dipyn o fardd, ond fedra i ddim meddwl yn glir, rhwng y cur pen a'r gwely caled. Fedra i ddim dengid o'r hunlle chwaith. Alis â'i braich am Edwin a hwnnw'n sôn am gael gwared o Twm.

'Mae o'n gwybod amdanon ni'n dau, Alis. Chei di ddim dimai o'i bres o. Mi gei dy daflu allan ganddo fo. Mae'n rhaid cael 'i bres o. Mi allwn ni fyw'n daclus wedyn, prynu tŷ yn ddigon pell o 'ma . . .'

'Ond sut, Edwin? Sut y cawn ni wared o Twm?'

'Dydw i ddim yn siŵr eto. Mi feddylia i am rwbath . . .'

Mi feddyli di am rwbath wnei di Edwin? Mi feddylia inna am rwbath gwell, 'rhen frawd. O gwnaf. Dydi Twm ddim yn wirion, was . . . O, nac 'di. Ac mi dafla i Alis allan o'r tŷ. O gwnaf. Heb geiniog i'w henw.

Mae'r hunlle wedi cilio, diolch i'r drefn. Mi fedra i feddwl yn gliriach. Pe bai Alis yn dŵad â phaned imi mi faswn yn teimlo'n well . . . a phe bai'r gwely 'ma'n brafiach mi allwn gysgu'n ôl. Mae'n gyfyng iawn i drio troi yma, fel pe bai yna rwbath yn gwasgu arna i o bob cyfeiriad. Mae'r wal galed gras wedi cau amdana i . . . ac mae'r sŵn pell 'na'n pwyso arna i. Ble'r wyt ti, Alis? Fedra i yn fy myw gael fy ngwynt. Dydw i ddim isio paned. Fe ges i baned gen ti neithiwr, Alis. Ar ôl honno yr es i'n swrth . . . fy llygaid yn drwm, drwm ar ôl ei hyfed hi . . .

Roist ti rwbath ynddi hi, Alis? Isio imi gael noson iawn o gwsg oeddet ti, yntê cariad? Dwi'n mygu, Alis . . . ac mae'r sŵn 'ma'n brifo 'mhen i. Sŵn y pridd yn disgyn ydi o, yntê Alis? A'r gwely caled 'ma Alis . . . a'r walia cras caled 'ma Alis . . . a'r nenfwd isel! Dwi'n mygu Alis . . . yn yr ARCH 'ma!

Digwyddodd, Darfu . . .

Arna i mae'r bai. Anodd ydi dianc rhag yr euogrwydd,
rhag y gwewyr o fod wedi'u bradychu nhw . . . Cadfan a
Heledd, pobol Rhyd-y-Sarn, fy mhobol i. Fe ddylwn fod
wedi gweld y perygl mewn pryd, wrth gwrs, a sylweddoli
bygythiad dyn fel Jenkins. Dyna sy'n anfaddeuol. Ond
dyna fo, fe gefais fy nallu, mae'n debyg; fy swyno gan ei
stori a'm temtio â'r cyfle i ymweld â Rhyd-y-sarn unwaith
eto, rhywbeth y bûm i'n dyheu am ei wneud ers wyth
mlynedd. Cofiwch chi, roedd yn ddigon naturiol imi fod
eisiau cael ail olwg ar y lle. Ni ellir fy meio am hynny. Fy
nghamgymeriad oedd mynd â rhywun fel Jenkins efo fi.
Ia, dyna oedd y drwg . . . Nage, chwaith! Waeth cyfaddef
ddim. Fy mai oedd bod yn rhy dawel, yn rhy . . . oddefgar.
Ia, dyna'r gair. Rhy oddefgar a . . . a di-asgwrn-cefn. Rhyw
greadur fel 'na ydw i, mae'n debyg, egwan a llesg fel . . . fel
be, tybed? Fel yr eryrod ar gerrig y Sarn falla. Sut bynnag,
fe deimlaf hyd fy medd imi fradychu breuddwyd fy
hynafiaid.

Gadewch imi geisio egluro. Mis Gorffennaf oedd hi a
minnau i lawr yng nghyffiniau Caerdydd am ychydig
ddyddiau o egwyl. Byddaf bob blwyddyn yn ceisio cael
rhyw ysbaid fer fel hyn cyn gwyliau go iawn yr haf. Wedi'r
cyfan, dydi gwyliau efo'r teulu ddim yn gyfle i ymlacio
rywsut a rydw innau'n un sy'n mwynhau fy nghwmni fy
hun weithiau, yn hoffi manteisio ar gyfle i grwydro'n
ddiamcan i bentrefi diarffordd ac anghysbell. Dyna fûm
yn ei wneud eleni eto, crwydro pob cwr o Went y tro hwn

a gorffen gyda diwrnod yn y brifddinas cyn troi tua thre. Mae'r profiad yn llwyddo'n ddi-ffael i gynhyrfu 'nych-ymyg a chynnig deunydd nofel newydd. Ar un o'r teithiau hyn, gyda llaw, y dois i ar draws Rhyd-y-sarn ond caf fanylu ar hynny yn nes ymlaen.

Ta waeth, fe gyrhaeddais Gaerdydd yn hwyr un pnawn Gwener. Gorffennaf y nawfed oedd hi a bwriadwn gael y Sadwrn ar ei hyd yn y brifddinas cyn troi'n ôl am y gogledd fore Sul. Cefais le i aros mewn gwesty bychan ond moeth-us ar Ffordd Casnewydd a phenderfynu treulio'r min nos yn dawel yn y bar efo llyfr a brynswn y pnawn hwnnw. Newydd setlo mewn cornel yr oeddwn efo gwydryn bach o wisgi yn un llaw a'r llyfr agored yn y llall pan gerddodd gŵr tal ac urddasol yr olwg i mewn, ei wallt tonnog brith wedi'i frwsio'n daclus yn ôl o'r talcen a'i rimyn mwstas yn amlwg yn derbyn sylw gofalus ei berchennog.

'Ga i gynnig wisgi arall ichi?'

'Diolch yn fawr,' meddwn innau'n ôl yn fy Saesneg gorau. Wedi'r cyfan ceisio bod yn glên oedd y dyn gan mai ond y ni'n dau oedd yn y stafell ar y pryd.

Canodd y gloch ar y bar ac ar ôl i berchennog y gwesty dywallt wisgi i ddau wydryn daeth draw i rannu'r bwrdd cornel efo fi. Mae'n rhaid cyfaddef mai braidd yn anfoddog y rhoddais fy llyfr o'r neilltu.

Sylweddolais un peth yn fuan iawn; doedd y dieithryn ddim yn brin o eiriau. Fe'i cyflwynodd ei hun yn syth fel Andy Jenkins, darlithydd mewn Hanes ym Mhrifysgol Caeredin. Cymro o Gaerfyrddin ydoedd yn wreiddiol, meddai. Oedd, roedd yn gallu siarad Cymraeg, tipyn bach o hyd, '*enough to get by*', chwedl yntau ond roedd yn well ganddo'r iaith fain gan ei fod mor rhugl yn honno. *Ac yn*

64

ymfalchïo yn hynny, meddyliais. *Y cradur bach tlawd! Mi fasa gen ti gymaint mwy i dorsythu'n ei gylch pe baet ti'n gallu deud dy fod yn rhugl yn y ddwy iaith. Mi fasa gen i gwilydd cydnabod wrth neb 'mod i'n well mewn iaith arall nag yn fy iaith i fy hun.* Ond cau ceg wnes i, wrth gwrs. Wedi'r cyfan, allwn i ddim yn hawdd iawn sarhau dyn oedd newydd brynu wisgi imi.

Bu'n rhaid brathu tafod sawl gwaith yn ystod y teirawr nesaf, yn enwedig o ddeall mai Anarawd ac nid Andy Jenkins oedd ei enw bedydd o ond bod hwnnw'n ormod i dafod estron ymgodymu ag ef. Roedd gwrthgymreigrwydd y dyn yn mynd o dan fy nghroen ond bodlonais ar wrando arno gan fod ganddo yn y diwedd hanesyn diddorol i'w adrodd.

'Heddiw y dois i lawr o Gaeredin,' meddai (yn Saesneg, wrth gwrs). 'Fory rydw i'n bwriadu mynd i gael sgwrs efo'r Athro yn y Brifysgol yma yng Nghaerdydd ac wedyn ymlaen am Aberystwyth a'r Llyfrgell Genedlaethol i neud mwy o waith ymchwil.'

Mae'n rhaid bod fy wyneb wedi dangos peth syrffed oherwydd brysiodd i egluro beth oedd yr ymchwil pwysig. Diflannodd fy syrffed innau'n fuan iawn.

'Ffliwc o'r mwya oedd imi ddod ar draws y peth,' meddai. 'Roeddwn yn llyfrgell y Brifysgol yng Nghaeredin un diwrnod yn edrych trwy hen, hen lawysgrif sydd yno—dwi'n gwneud tipyn o ymchwil i arferion y Saeson cyntefig, 'dach chi'n gweld, ac mae 'na rai petha o ddiddordeb yn y llawysgrif honno. Ta waeth, pan ddois i ar draws tudalen o Gymraeg yng nghanol y Lladin allwn i ddim credu'r peth. Lladin ydi iaith gweddill y llawysgrif, 'dach chi'n gweld. Rydw i'n deall Lladin, wrth gwrs . . .'

Wyt mae'n siŵr, y snob uffar!

'Wel, yng nghanol y Lladin beth welais i ond tudalen o Gymraeg. Hen Gymraeg, wrth gwrs! Fe gefais i gryn drafferth i wneud na rhych na rhawn ohono fo . . .'

Wrth gwrs. Lladin yn haws i ti siŵr iawn, y mwnci mul!

'Fodd bynnag, mi gymerais ddiddordeb mawr ynddo fo. Roeddwn i'n siŵr mai fi oedd y cyntaf i fedru'i ddarllen ac fe allai fod yn ddarganfyddiad hanesyddol pwysig. Cyfle imi wneud tipyn o enw i mi fy hun, 'dach chi'n deall . . .'

Ydw, dwi'n dallt yn iawn mêt!

'. . . fel darganfod planed newydd yn yr awyr neu rywbeth felly. Wel, i dorri'r stori'n fyr, sôn sydd ar y dudalen honno o'r llawysgrif am ryw gleddyf arbennig iawn—y *Cleddyf Darogan* oedd yn perthyn i frenhinoedd Cymru dros bymtheg cant o flynyddoedd yn ôl. Ydych chi wedi clywed sôn am y *Mab Darogan* erioed?'

'Wel, mi welis i opera roc o'r enw yna yn Steddfod Machynlleth. Sôn am Owain Glyn Dŵr oedd honno.'

'Ia, dyna chi. Fe gafodd Owain Glyn Dŵr ei alw'n Fab Darogan ond mae'r enw'n hŷn o lawer na hynny. Y Mab Darogan yn hanes Cymru oedd y brenin neu'r arweinydd a oedd yn mynd i ddod yn ôl ryw ddiwrnod i arwain ei bobl yn erbyn y Saeson a'u hel nhw o'r ynys 'ma'n gyfan gwbl, yn ôl i'r Almaen o'r lle y daethon nhw. Dim gobaith, wrth gwrs. Breuddwyd gwag . . . ond dyna fo, os oedd twyllo'u hunain yn eu gwneud yn hapus, wel . . .'

Brathu tafod yn fan'na hefyd!

''Dach chi'n gweld, mae 'na sôn am fwy nag un Mab Darogan wedi bod . . . dyna ichi Cynan a Chadwaladr . . . y Brenin Arthur, wrth gwrs . . . Owain Glyn Dŵr, hefyd, fel y dywedais yn barod a hyd yn oed Harri'r VII pan ddaeth hwnnw i orsedd Lloegr gyntaf . . . ond chlywais i erioed o'r blaen am y *Cleddyf Darogan.* Mi ffoniais amryw o ysgolheigion yng Nghymru i'w holi nhw. Doedden nhwtha chwaith erioed wedi clywed sôn am y cleddyf yma. Wel, erbyn hyn roeddwn i'n ddigon siŵr fy mod i wedi darganfod rhywbeth pwysig iawn, felly dyna fynd ati i drio deall y llawysgrif yn well. Dweud hanes y cleddyf y mae hi . . .'

Gan mor hirwyntog y bu Anarawd Jenkins yn adrodd hanes y Cleddyf Darogan mi geisia i roi crynodeb o'r hyn a ddywedodd. Ymddengys fod rhyw filwr Rhufeinig enwog o'r enw Magnus Maximus neu Macsen Wledig wedi gadael y wlad yma efo'i fyddin rywbryd yn ystod ail hanner y bedwaredd ganrif. Ei fwriad oedd ei wneud ei hun yn Ymerawdwr Rhufain ac fe lwyddodd hefyd i raddau, yn ôl pob sôn, beth bynnag. Ta waeth, ar ôl i'r Rhufeiniaid adael Cymru fe ddaeth y Gwyddelod drosodd yn bla o Iwerddon a chreu tipyn o broblem inni yma yng Ngwynedd am flynyddoedd lawer. Fe aeth hyn i glustiau Macsen oedd rywle yn Ffrainc ar y pryd ac fe drefnodd ef i filwr dewr o'r enw Cunedda a'i feibion ddod i lawr o'r Hen Ogledd i ymladd y Gwyddelod. Rhaid cofio, wrth gwrs, fod Cymry yn byw i fyny yn yr Alban a gogledd Lloegr yn y dyddiau hynny. Dyma'r Hen Ogledd. Fodd bynnag, yn ôl traddodiad y llawysgrif a ddarganfu Jenkins, fe anfonodd Macsen gleddyf arbennig i Cunedda, un â charn a gwain o aur pur iddo. Wel, fe ddaeth Cunedda a'i feibion i lawr i Wynedd a llwyddo i ymlid y Gwyddelod yn ôl i'w gwlad eu hunain. Ar ddiwedd y bedwaredd ganrif oedd hynny ac wedyn, yn ôl y llawysgrif, fe gafodd y cleddyf ei drosglwyddo i arweinwyr dewr eraill ar ôl

Cunedda ac fe ddaeth yn symbol o obaith y Cymry i adennill eu balchder a'u hunan-barch. Ple bynnag roedd y Mab Darogan roedd y Cleddyf Darogan hefyd.

''Dach chi'n gweld,' meddai Jenkins wrth orffen ei stori, 'mae'r llawysgrif yn honni os byth y bydd y cleddyf yn mynd i ddwylo gelyn neu fradwr y bydd yn troi'n llwch dros nos. Coel gwerin, wrth gwrs, ond diddorol onid e? Ar y diwedd un mae'n dweud fod y cleddyf wedi cael sawl enw arall yn y cyfnod cynnar: Cleddyf Macsen . . . Cleddyf Cunedda . . . Cleddyf Rhufain ac mae'n debyg nad oes yr un ysgolhaig sy'n fyw heddiw wedi clywed dim un o'r enwau yna erioed o'r blaen.'

'Be ddeudsoch chi?' Teimlwn yn gyffrous iawn. 'Be ddeudsoch chi? Cleddyf Rhufain?' Gwyddwn fod yr enw'n canu cloch ac yn raddol aeth fy nghof â fi'n ôl wyth mlynedd . . . i Ryd-y-sarn!

'Oes rhywbeth yn bod? Ydach chi'n teimlo'n iawn?'

'Ydw. Gwrandewch, Mr Jenkins. Falla y bydd hyn yn swnio'n anhygoel i chi ond mi rydw i wedi clŵad sôn am Gleddyf Rhufain.'

Syllodd yn hurt arnaf fel petai'n methu credu'i glustiau. Mae'n siŵr fod golwg yr un mor hurt arnaf innau.

'Rydach chi'n tynnu 'nghoes i!'

'Nac 'dw, wir. Ar fy llw!' Ac yn araf iawn, gan mai araf y deuai'r cwbl yn ôl imi, dechreuais adrodd hanes fy ymweliad byr â Rhyd-y-sarn. Yn Gymraeg y cafodd y stori!

'Wedi cymryd chydig o wylia yr oeddwn i bryd hynny hefyd, fel rŵan, i grwydro ar fy mhen fy hun. Roeddwn i ers tro wedi bod yn awyddus i deithio tipyn ar y gororau rhwng Cymru a Lloegar. Wel, i dorri'r stori'n fyr roedd-wn i newydd adael lle o'r enw Tre'r Clawdd—Knighton

yn Saesneg—ac yn dilyn ffordd wledig dros Glawdd Offa
pan ddois i ar draws dyffryn cul. O edrych i lawr arno
doedd dim i'w weld ond coed trwchus yn cuddio'r lleth-
rau. Roedd y ffordd yn mynd yn gulach ac yn fwy garw
wrth imi fynd i lawr drwy'r coed a bu bron i mi droi yn
f'ôl. Mae'n dda na wnes i ddim . . . Yn sydyn dyma fi allan
o'r coed i le clir, llannerch reit sylweddol a'r afon yn
rhedeg trwyddi ac ar y lle clir 'ma roedd 'na saith o dai,
pedwar ar fy ochor i o'r afon a thri ar yr ochor bella.
Welsoch chi rioed fythynnod mor hen ffasiwn â nhw. To
gwellt ar bob un a chydig o eifr yn pori o'u cwmpas.
Doedd dim sôn am bont yn croesi'r afon ac roedd y ffordd
bron â diflannu'n gyfan gwbwl erbyn hyn, felly dyna adael
y car ar ymyl y llannerch a cherddad draw at y tŷ cynta.
Roedd dau o blant yn chwara tu allan a phan welson nhw
fi dyma nhw'n rhedag nerth 'u traed i'r tŷ. Roedd golwg
ofnus ar y ddynas hefyd pan ddaeth hi i'r drws ac mi clywis
i hi'n gweiddi ar 'i phlant. "Cuddiwch!" meddai hi'n
gynhyrfus. "Y gelyn!" Allwn i ddim credu fy nghlustia.
Roedd y ddynas wedi siarad Cymraeg! A finna'n meddwl
mod i wedi croesi'r ffin ac yn Lloegar. "Be ydi enw'r lle
'ma?" medda fi a gyntad ag y clywodd hi fi'n siarad dyna'r
ofn yn diflannu o'i llygad hi. "Rhyd-y-sarn. O ble y
deudwch, ŵr dierth?" meddai hi, mewn tafodiaith od fel
'na. Sylwais fod ei gwisg yn anghyffredin hefyd, yn
dlodaidd a rhad. Felly y gwisgai pawb yn Rhyd-y-sarn fel y
ces i weld yn fuan. Beth bynnag, y canlyniad fu imi ofyn
am le i aros y nos yn y pentra. Roeddwn i wedi fy swyno'n
lân ac yn awyddus i gael treulio tipyn o amsar yno. Mi ges
gynnig aros yn y tŷ hwnnw, ar wely o wellt ar lawr, fel y
gweddill o'r teulu! Oedd, Mr Jenkins, roedd hi mor

gyntefig â hynny yno. Bu ond y dim imi wrthod. Dwn i ddim hyd y dydd heddiw be barodd imi dderbyn.'

Eisteddai Anarawd Jenkins ar ymyl ei gadair yn gwrando.

'Mi arhosais am ddau ddiwrnod yno. Cymry oedden nhw i gyd! Merched a phlant yn unig oedd yno . . . ac un hen ŵr musgrell. Pan holais i'r plant—Cadfan a Heledd oedd eu henwa nhw—ymhle'r oedd eu tad yr unig ateb a gefais ganddyn nhw oedd, "Ar gyrch!" Holais i ddim mwy rhag dangos fy anwybodaeth. Fodd bynnag, dyna'r deu-ddydd mwya bendigedig imi 'u treulio rioed. Fe ges i dywydd braf, roedd y goedwig o gwmpas yn fyw o adar swynol, y bywyd yn hamddenol a di-stŵr. Welis i'r un dieithryn arall yn dod i'r pentra tra oeddwn i yno. Mi ges i fodd i fyw yn chwara efo'r plant. Mi fydden ni'n croesi'r afon ar y sarn—*stepping stones*, wchi.'

Dangosodd Jenkins ei fod yn deall.

'Roedd hyd yn oed y sarn yn un hynod, pedair carreg a rhyw lathen o ddŵr rhyngddynt a phob un o'r cerrig â llun eryr wedi'i gerfio'n ddwfn ar ei hwyneb hi. Hynafol iawn. Mi fyddai'n werth ichi fynd yno rhyw ddiwrnod, Mr Jenkins, pan gewch chi'r cyfla . . . Ta waeth, ar fy niwrnod ola efo nhw mi aeth y plant a finna dros y sarn i'r ochor bella i'r afon ac i fyny chydig drwy'r coed nes dod at greigia. Roedd Cadfan a Heledd yn byw ym myd y dych-ymyg, yn chwara gêm yn barhaus. Felly'r oedden nhw y diwrnod hwnnw, yn smalio bod ofn i'r blaidd ymosod arnon ni neu i'r "gelyn" ddod ar ein gwartha. Fodd bynnag, roedd llwyn o ddrain yng ngodre'r graig fechan o'n blaen a dyma Cadfan, ar ôl gneud yn siŵr nad oedd y "gelyn" o gwmpas, yn gwthio'i ffordd tu ôl iddo fo ac yn diflannu o'n golwg. Gwthiodd Heledd fi ar ei ôl. Roedd 'na ogof fechan tu ôl i'r drain.'

Arhosais i gymryd llwnc o'r wisgi ond parhaodd Jenkins i syllu'n eiddgar arnaf.

'Ogof fach iawn oedd hi. Dim lle i sefyll ynddi a doedd hi ond yn mynd rhyw deirllath i mewn i'r graig.'

Oedais eto, digon i anesmwytho fy nghydymaith.

'Wel?' meddai'n ddiamynedd. 'Beth oedd i mewn ynddi?' Sylwais ei fod bellach yn siarad fy iaith i.

'Dim byd.'

'Dim byd?' Edrychai fel pe bai'n ysu i roi clusten imi am ei siomi.

'Na, dim byd . . . ond wyddoch chi be ddeudodd yr hogyn wrtha i? "Yn yr agen acw," medda fo, gan bwyntio at hollt yn wal bella'r ogof, "y cuddir cledd Rhufain." Dyna'i union eiria fo.'

Roedd Jenkins ar ei draed o'm blaen ond eisteddodd eto wrth imi fynd ymlaen â'r hanes.

'Mi ofynnis i'r hogyn be oedd o'n feddwl ac mi ddeudodd o rwbath na chym'ris i fawr o sylw ohono fo ar y pryd oherwydd 'mod i'n meddwl mai chwara plant oedd y cwbwl. A deud y gwir, faswn i ddim wedi meddwl am y peth byth eto oni bai'ch bod chi . . .'

'Beth ddwedodd e, ddyn?' Ni allai Jenkins ffrwyno'i amynedd.

'O, rwbath am y cleddyf—y cledd Rhufain 'ma—yn cael ei guddio yn yr ogof nes y byddid ei angen.'

Rhyfeddwn at y ffordd yr oedd pob dim yn dod yn ôl yn glir imi ar ôl wyth mlynedd o amser.

'Ia! Dyna fe, welwch chi! Y cledd darogan!' Yna, am eiliad, collodd Jenkins beth o'i frwdfrydedd wrth iddo amau fy stori. 'Dydech chi ddim yn tynnu 'nghoes ŷch chi?'

Ni chefais gyfle i brotestio. Mae'n rhaid bod fy wyneb yn gwneud hynny drosof.

'Na, mi allaf weld eich bod o ddifri. *Anyway* mi fydde isie *imagination* byw iawn i wneud stori fel 'na i fyny *on the spur of the moment.* Rydw i'n eich credu.'

Wel diolch yn fawr iti'r sinach! Ond brathu 'nhafod wnes i, eto fyth.

'Ond rŷch chi'n sylweddoli beth mae hyn yn ei olygu, on'd ŷch? Mae'n golygu bod traddodiad y cleddyf yn aros o hyd mewn un cornel fechan o Gymru . . . am mai yn y cylch hwnnw y byddai'r cleddyf yn arfer cael ei guddio, yn siŵr ichi. Meddyliwch ddyn! Mae Cleddyf Macsen yn rhan o *folk-lore* ardal Rhyd-y-sarn ar ôl mwy na mil a hanner o flynyddoedd. *Remarkable*!'

Wedi meddwl, roedd y peth yn hynod. Traddodiad y cleddyf wedi parhau ar gof gwerin dros gyfnod mor faith.

'Bydd yn rhaid i fi fynd i'r lle 'ma i holi.' Roedd wedi cynhyrfu'n lân erbyn hyn. 'Mi a' i i nôl map. Fe gewch ddangos i mi'n union ble mae e.'

Roedd yn ei ôl wrth f'ochr cyn imi sylweddoli'n iawn ei fod wedi gadael o gwbl. Symudodd ein gwydrau i fwrdd arall cyfagos a thaenodd y map dros y bwrdd o'n blaen.

'Reit 'te. Ym mhle mae'r Rhyd-y-sarn 'ma?'

Bûm yn chwilio am eiliad cyn ei ateb. 'Dyma fo,' meddwn i o'r diwedd, gan bwyntio at y lle o'r enw Knighton ar y map. 'Fe welwch chi fod y lle yma, Tre'r Clawdd yn Gymraeg, yn sefyll reit ar y ffin rhwng Cymru a Lloegar. Mae'r ffordd yr es i arni yn dilyn yr afon a Chlawdd Offa am filltir neu ddwy cyn croesi i Loegar i gyfeiriad y lle bach 'ma efo'r enw digri—Leintwardine. Wyddoch chi, mae o'n beth diddorol iawn trio egluro sut y cafodd llefydd fel 'ma 'u henw . . .'

Ond doedd fy niddordebau i ddim yn deilwng o'i sylw. Roedd wedi ymgolli yn y map.

'Mr . . . ym . . . wyddoch chi beth?' meddai mewn syndod. 'Does gen i ddim *idea* beth yw'ch enw chi.'

Nacoes, mi wn. Rwyt ti wedi bod yn rhy llawn ohonot dy hun tan rŵan.

'Puw. Gwynfor Puw.'

'Wel, Mr Puw, mae rhywbeth yn rhyfedd yma. Mae'r ffordd o Knighton i Leintwardine yn ffordd dda, wedi'i marcio'n felyn ar y map. Nid ffordd gul o gwbwl.' Roedd yr amheuaeth yn ôl yn ei lais a'i lygad.

'Mi wn i hynny. Dyna pam y ces i fy synnu cymaint wyth mlynadd yn ôl . . . ond mae'n rhaid 'mod i wedi dilyn rhyw hen ffordd drol oedd yn rhedag ohoni hi.'

Bu Mr Jenkins yn meddwl yn hir cyn dod i benderfyniad.

'Mr Puw, mae'n rhaid i fi fynd i chwilio am Ryd-y-sarn . . . fory! Mi allaf fod yno mewn awr a hanner, rwy'n meddwl, ond beth pe bawn i'n methu dod o hyd i'r lle ar ôl mynd yr holl ffordd . . .? Ddewch chi gyda fi?'

Roedd ei gwestiwn yn hollol annisgwyl.

'Meddyliwch am y peth, tra bydda i'n moyn wisgi arall i ni'n dou.'

Fe'i clywais ef yn gofyn wrth y bar am un dwbl bob un inni. Be wnaethwn i? Doedd gen i fawr o awydd treulio'r Sadwrn ar strydoedd poblog Caerdydd a rhaid cyfaddef bod y syniad o fynd yn ôl i Ryd-y-sarn yn apelio'n arw ataf. Ar yr un pryd, fodd bynnag, teimlwn ryw anesmwythyd rhyfedd ynglŷn â dychwelyd yno, rhag i'r atgof perffaith oedd gen i am y lle gael ei chwalu am byth. Doedd y syniad o dreulio diwrnod cyfan yng nghwmni Anarawd Jenkins ddim yn un deniadol yn fy ngolwg chwaith.

Erbyn iddo ddychwelyd at y bwrdd roeddwn i wedi pwyso a mesur ac wedi penderfynu.

'Mi ddo i efo chi, Mr Jenkins.'

'*Good. Let's drink to that.*' Cododd ei wydryn a drachtio'n foddhaus ohono. 'Fe gychwynnwn ni am naw y bore *if that's OK with you.*'

Gwawriodd dydd Sadwrn yn braf yn y brifddinas ond wrth inni wibio trwy Abergafenni tua Thalgarth roedd yr awyr wedi cymylu'n fygythiol. Erbyn cyrraedd y Gelli roedd y niwl a'r glaw mân wedi cau amdanom ac felly y bu hi am weddill y dydd. Cyraeddasom Dre'r Clawdd am ugain munud wedi deg a minna wedi hen syrffedu clywed am gampau ysgolheigaidd fy nghydymaith.

'*Right then*, Mr Puw, pa ffordd nawr 'te?'

'Ffor 'cw!' Pwyntiais yn bendant. 'Mae'r ffordd yn dilyn yr afon am sbel ac yna'n dringo rhiw go serth.'

Cyn hir gallem weld y rhiw yn codi o'n blaenau.

'O ben nacw,' meddwn i, 'mi fyddwn yn edrych i lawr i'r dyffryn roeddwn i'n sôn amdano fo wrthoch chi . . . ond fydd Rhyd-y-sarn ddim yn y golwg oherwydd y coed o'i gwmpas. Mi fydd y ffordd yn culhau'n arw.'

Ar ben y rhiw roedd arwydd mawr yn ein disgwyl. WELCOME TO ENGLAND. Doeddwn i ddim wedi sylwi arno o'r blaen. Gwelais y cwestiwn o amheuaeth yn llygaid Jenkins. Lloegr? Ond . . .? Ac eto roeddwn yn berffaith sicr ein bod wedi dilyn y ffordd iawn.

'Wel?' Roedd Jenkins wedi stopio'r car a syllodd y ddau ohonom i lawr ar y dyffryn cul. Caeau taclus yn glytwaith lliwgar oddi tanom a'r ffordd yn llinell ddu i lawr at yr afon ac yna'n igam-ogamu i fyny i'r niwl ar y drum gyferbyn. Ffermdy gwyngalch rhyw hanner milltir i'r dde, ambell dderwen urddasol yma ac acw ond dim sôn am na choedwig na phentref yn unman.

'Wel?' meddai Jenkins wedyn, yn anghwrtais o ddi-amynedd.

Roeddwn yn gegrwth. 'Dydw i ddim yn dallt. Mae'n rhaid mai'r dyffryn nesa ydi o.'

'Ond mae hynny'n mynd â ni ymhellach i Loegr.' Roedd Jenkins wedi troi i'w Saesneg unwaith eto. Cychwynnodd y car heb air pellach a gwibio'n gyflym tua llawr y cwm ac yna dringo am y drum nesaf. Teimlwn yn anesmwyth. Anodd hyd yn oed i mi oedd credu fod y ffordd lydan hon yn mynd i ddiflannu mewn llwybr-coedwig cul.

Gwireddwyd fy ofn. Daethom i olwg gwlad eang ffrwythlon. Trodd Jenkins i edrych yn gyhuddgar arnaf.

'Dydw i ddim yn dallt,' meddwn wedyn yn wan. 'Gadewch inni fynd yn ôl i Dre'r Clawdd a chychwyn eto.'

Chwarter awr yn ddiweddarach roeddem yn ôl ar ben yr un rhiw yn syllu i lawr i'r un dyffryn cul.

'Dwi'n gwbod 'mod i'n iawn. Hwn ydi'r dyffryn . . . ac eto . . .'

'Tipyn o *wild goose chase*, mae'n amlwg,' meddai Jenkins yn flin.

'Ewch i lawr at y bont yn fan 'cw i mi gael gweld.' Roedd syniad annifyr wedi dechrau aflonyddu arnaf. Beth pe bai'r coed i gyd wedi cael eu torri a'r tai wedi'u chwalu?

Mewn wyth mlynedd? Na, amhosib. Doedd dim sôn am furddun nac adfail na dim ar lawr y cwm.

Neidiais allan o'r car a mynd draw at ganllaw'r bont. Fe'i gwelais yn syth.

'Mr Jenkins, dowch yma!'

Fel y daeth i sefyll wrth f'ochr pwyntiais i fyny'r afon. Yno, rhyw ugain llath o'r bont roedd cerrig y sarn i'w gweld yn glir.

'Ond ble mae'r bobol?' Edrychai'n sarrug. Os nad oedd pobl yno i'w holi roedd ei siwrnai wedi bod yn ofer. 'Ymhle mae'r ogof 'te?'

Roeddwn wedi anghofio am honno. Edrychais i fyny'r llechwedd tu draw i'r sarn nes imi'i chanfod.

'Dacw hi,' meddwn gan bwyntio eto. 'Roedd y graig o'r golwg mewn coed y tro dwytha y bûm i ffor 'ma ond nacw ydi hi'n reit siŵr.'

Y ffordd hwylusaf ati oedd dringo camfa i'r cae, yna neidio cerrig y sarn ac wedyn dringo'r llechwedd. Roedd Jenkins yn carlamu'n eiddgar o'm blaen gyda help ei ffon drwchus. Erbyn imi gyrraedd y graig roedd wrthi'n ymosod yn ffyrnig gyda'i ffon ar y drain anferth a dyfai am ei godre. Fe'i clywn ef yn chwythu'n swnllyd wrth y gwaith ond ni orffwysodd nes bod ceg yr ogof yn y golwg.

Aeth i mewn yn ei blyg a minnau i'w ganlyn. Tynnodd flwch matsys o'i boced a thanio un. Gwelodd yr hollt a ddangoswyd imi gan y bachgen Cadfan a gallwn deimlo'i gyffro wrth iddo wthio'i fraich i mewn i'r agen. Pur wahanol y teimlwn i; am ryw reswm roeddwn yn fy ffieiddio fy hun.

'Mae rhywbeth yma!' Swniai'i lais yn afreal yn y gwacter.

76

Yn araf tynnodd o'r agen fwndel hir ac fe'i dilynais ef allan i olau dydd. Roeddem ein dau fel petaem wedi hurtio'n lân. Beth pe baem wedi darganfod y Cleddyf Darogan . . . Cleddyf Cunedda . . . Cleddyf Rhufain ei hun? Ar ôl mil chwe chant o flynyddoedd! Y darganfyddiad mwyaf nodedig yn holl hanes Cymru, heb os. Ond na, doedd hynny ddim yn bosib. Nid oedd y cleddyf yn yr ogof pan oeddwn yma ddiwethaf, wyth mlynedd yn ôl . . . os mai wyth mlynedd yn ôl oedd hynny! Sylwais mor ddistaw oedd pobman o'n cwmpas . . . dim bref dafad, dim cân aderyn!

Plygodd Jenkins i osod y pecyn ar y ddaear ond ailfeddyliodd.

'Na,' meddai, 'mae'n rhy llaith yma. Mi awn ni'n ôl i'r car.'

Wrth groesi'r sarn yr eildro chwiliais am yr eryrod oedd wedi'u cerfio ar y cerrig. Roeddynt yno ond yn aneglur iawn. Byddai angen llifogydd mwy nag wyth mlynedd, mwy nag wyth can mlynedd hefyd, i greu'r gwahaniaeth a welwn i'n awr ynddynt. Beth *oedd* wedi digwydd imi ar yr ymweliad cyntaf hwnnw â Rhyd-y-sarn?

Pan gyrhaeddais y car roedd Jenkins yn plygu'n eiddgar dros y bwndel hir.

'Mae beth bynnag sydd yma wedi'i lapio mewn trwch o grwyn brau ond maen nhw'n berffaith sych.' Roedd yn ôl yn yr iaith fain. 'Ddylem ni ddim ceisio'u tynnu, rwy'n siŵr. Gwaith archaeolegydd yw hynny.'

'Agorwch nhw, ddyn!' meddwn i'n ddiamynedd wrtho. 'Y ni ffeindiodd o a ni ddylai'i agor.'

Cydsyniodd heb brotest bellach a dechrau tynnu'r crwyn yn ofalus. Cyn hir daeth at rwymyn lledr, hwnnw hefyd yn frau iawn ond yn rhyfeddol o wlyddaidd. Gwelsom pam ar ôl ei agor. O'i fewn roedd trwch o'r hyn a fu unwaith, mae'n debyg, yn groen a braster mochyn. Gwthiais fy mysedd drwy'r cymysgedd anhyfryd du a chawsom gip o'r aur, yn wyrdd-felyn yn ei wely hen. Ychydig eiliadau'n ddiweddarach roedd y wain i gyd yn y golwg, wedi'i cherfio'n gelfydd. Sychais y saim oddi arni a syllu gydag edmygedd ar gampwaith y ddwy ddraig yn ymladd arni. Clywais Jenkins yn sibrwd rhywbeth yn gryg am broffwydoliaeth Myrddin, yna'n newid ei feddwl. Os dyma'r Cleddyf Darogan, Cleddyf Macsen, yna roedd yn hŷn na Myrddin hyd yn oed. Roedd y syniad yn codi dychryn arnom. Yna roedd wedi llithro'n rhwydd allan o'r wain, ei lafn dur eto wedi'i gerfio'n gelfydd ac yn loyw fyth.

'Chafodd hwn erioed ei ddefnyddio mewn brwydr,' meddai Jenkins a'i wynt yn fyr. Swniai'i lais mursennaidd Seisnig yn chwithig yng nghwmni'r cleddyf a theimlwn fel dweud wrtho am gau'i hen geg . . . ond wnes i ddim. 'Symbol oedd y cleddyf hwn, Puw. Symbol y Mab Darogan. Ydych chi'n sylweddoli mor bwysig ydi'r darganfyddiad? Mi fyddaf yn enwog.'

Ni thrafferthais i'w ateb. Teimlwn fel cyfogi.

*   *   *

Y noson honno yn y gwesty yng Nghaerdydd buom yn trafod ein cynlluniau ynglŷn â'r cleddyf.

'Rhaid iddo fynd i amgueddfa,' meddai Jenkins yn bendant.

Cytunais yn llwyr. Yr Amgueddfa Genedlaethol oedd y lle amlwg.

78

'Mi gaiff amgueddfa'r Brifysgol yng Nghaeredin ofalu amdano.'

Ni allwn gredu fy nghlustiau. Edrychais yn hurt arno a sylweddoli'i fod yn hollol ddifrifol.

'Caeredin? Dim cythral o beryg. Be sy arnoch chi, ddyn? Yn yr Amgueddfa Genedlaethol yma yng Nghaerdydd y mae 'i le fo. Mi awn ni'n dau â fo yno fore Llun . . . neu'n well fyth mi ffoniwn ni'r Curadur bora fory.'

Aeth yn ffrae rhyngom ond gan ei bod wedi mynd yn hwyr cytunasom i ohirio'r penderfyniad tan y bore. Drannoeth pan godais dywedodd y gwestywr wrthyf fod Anarawd Jenkins wedi gadael ers chwech y bore am Gaeredin . . . a'r cleddyf gydag ef, wrth gwrs! Paciais fy mag a chychwyn am adref a'm tu mewn yn corddi'n wyllt.

Bûm ar fai. Ni ddylwn fod wedi gadael y cleddyf hynod o'm dwylo, nid i ryw ffilistiad fel'na beth bynnag. Teimlwn fy mod wedi bradychu pobl Rhyd-y-sarn a breuddwyd fy nghenedl. Pe medrwn gael fy nwylo am wddf y Sais-addolwr 'na . . .! Cyn cyrraedd adref roeddwn wedi penderfynu y byddwn yn ffonio Curadur yr Amgueddfa yng Nghaerdydd ben bore Llun i'w hysbysu o'r darganfyddiad ac iddo wneud popeth o fewn ei allu i gael y cleddyf yn ôl i Gymru. Gwnaeth hynny imi deimlo ychydig yn well.

Bore trannoeth, dydd Llun, roeddwn yn dal i gorddi o gofio'r hyn oedd wedi digwydd ac yn glynu wrth fy mhenderfyniad i gysylltu â'r Amgueddfa yng Nghaerdydd. Newydd godi oddi wrth y bwrdd brecwast a mynd i danio'r car yn y garej yr oeddwn pan ddaeth Elin y wraig i weiddi arnaf yn ôl.

'Ffôn iti, Gwynfor!'

Brysiais yn ôl i'r tŷ.

'Helo . . . Puw?' Llais Jenkins!

'Ia,' atebais yn oeraidd a disgwylgar.

'Diolch byth! Rwy'n ceisio cael gafael arnoch ers dros awr. Andy Jenkins sydd yma.'

'O?' Roeddwn yn benderfynol o'i gwneud yn anodd iddo egluro ac ar yr un pryd gael cyfle fy hun i ddewis a dethol fy ngeiriau'n ofalus cyn ymosod arno. Ceisiwn ddyfalu hefyd pam fod y dyn yn dewis fy nghyfarch yn Gymraeg dros y ffôn.

'Gwrandewch, Puw! Mae rhywbeth ofnadw wedi digwydd.'

Teimlais y tyndra yn cydio yn fy nghorff.

'Fe deithies i fyny o Ga'rdydd ddô . . . cychwyn yn gynnar y bore, fel y gwyddoch (doedd dim sŵn edifarhad nac ymddiheuriad yn ei lais) . . . ac roedd yn hwyr y prynhawn arnaf yn cyrredd adre. Rhoddes y cleddyf yn ddiogel ar fy nesg a chloi'r stafell am y nos . . .'

Eiliad o dawelwch.

'Wel?' Teimlwn yr ofn yn cynyddu, ofn yr annymunol a oedd i ddod.

'Bore heddi pan godes doedd y cleddyf ddim yno.'

'Be?' Rwy'n siŵr nad oedd arno angen ffôn i glywed fy ymateb.

'Nid wedi'i ddwyn,' eglurodd. 'Roedd y pecyn yno o hyd—y crwyn a'r lleder a'r cawdel du hyll yno—popeth ond y cleddyf. Ar fy ngwir ichi! Dim byd ond llwch oedd ar ôl o hwnnw.'

Roedd ar flaen fy nhafod ei alw'n ddiawl celwyddog ond clywais eiriau Jenkins ei hun fel cnul yn fy mhen, geiriau a ddefnyddiodd wrth adrodd hanes y cleddyf allan o'r hen lawysgrif.

'Jenkins!' Roedd fy llais fel cyfarthiad caled. 'Ydach chi'n cofio rhybudd y llawysgrif?'

Tawelwch o'r pen arall.

'Os byth y bydd y cleddyf yn mynd i ddwylo gelyn neu fradwr—neu fradwr, Jenkins!—bydd yn troi'n llwch dros nos. Coel gwerin wrth gwrs,' ychwanegais yn ddeifiol.

Gollyngais y ffôn gyda'r fath glep i'w grud fel y rhuthrodd fy ngwraig yno i weld beth oedd yn bod.

'Arna i mae'r bai, Elin . . . am fod mor llugoer . . . a'u bradychu nhw.'

Yr Euog a Ffy . . .

'Mi awn ni dros y trefniade un waith eto.' Gwthiodd gŵr bach pwysig y Swyddfa Gymreig ei sbectol yn uwch ar ei drwyn a sythu'r het ddu ar ei ben moel. Nodiodd y prif arolygydd ei ben yn ddwys—byddai cyfrifoldeb aruthrol ar yr heddlu ac arno ef yn arbennig—ond ochenaid fach o syrffed a ddaeth o gyfeiriad swyddogion y rheilffordd. Cododd y dyn bach olygon llym arnynt. 'Mae'n bwysig bod y trefniade'n berffeth. Rhaid cofio'i bod hi'n anrhydedd o'r mwya fod y tywysog yn teithio ar y trên o gwbwl!'

'Ydi, ydi, wrth gwrs,' cytunodd un ohonynt yn frysiog euog. 'Y . . . y . . . pa well ffordd o ddathlu canmlwyddiant y lein. 'Dan ni'n lwcus iawn.'

'Yn hollol! Ac yn awr, y trefniade unwaith eto . . .' Trodd y dyn bach ei sylw'n ôl i'w bapur, yn fodlon ei fod wedi pwysleisio'i awdurdod. 'Mi fydd y tywysog yn cyrraedd Llan-faes yn brydlon am hanner awr wedi dou. Mi fydd wedi bod yn agor yr ysbyty newydd ym Mryn-lliw yn ystod y bore a chael cinio yno efo'r Maer a'r Ysgrifennydd Gwladol ac eraill . . . Cyrraedd Llan-faes Junction felly am hanner awr wedi dou, ef a'r Ysgrifennydd Gwladol . . . croeso swyddogol yn fan'no . . . byrddio'r trên am gwarter i dri . . . tri chwarter awr o daith yma i Flaen Dyffryn. Dim stop o gwbwl ar y ffordd, wrth gwrs, dim ond arafu ym mhob gorsaf ar y ffordd i bobol gael cyfle i'w weld e. Fe fydd yn rhaid i'ch dynion chi fod ar flaene'u tra'd!' Syllodd i fyw llygad y prif arolygydd ond nid oedd hwnnw'n un i gael ei gynhyrfu ar chwarae bach.

'Mi fyddan, syr. Gellwch fod yn sicr o hynny. Yn ogystal â'r dynion *special branch* fydd yn trafaelio ar y trên, mi fydd gynnon ni dros gant a hanner o blismyn yma ac acw ar hyd y ffordd . . . a hanner cant arall yma ym Mlaen Dyffryn. Mae'n trefniada ni'n drylwyr.'

'Gobeithio wir . . . Wel nawr, yma ym Mlaen Dyffryn y bydd y dathlu mwyaf, wrth gwrs. Pan ddaw'r trên allan o'r twnnel ac i olwg y stēsion fe fydd y band yn dechre ware . . .'

'Ia, ac mi fydd ein dynion ni i gyd wedi'u gwisgo yn iwnifform y ganrif ddwytha, i ddathlu'r canmlwyddiant.'

Byr y parhaodd balchder swyddog y rheilffordd.

'Hm! . . . Does gen i fawr o ddiddordeb mewn pethe felly. Diogelwch y tywysog sy'n bwysig i mi. Pwy fydd yn dreifio'r trên?'

'Dwn i ddim be 'di'i enw fo ond mi fydd yn un o'n dynion mwya profiadol, mi ellwch fod yn siŵr . . . y fo a'r taniwr.'

'Taniwr?'

'Wel, ia. Trên stêm fydd o, wrth gwrs, fel y cynta hwnnw gan mlynadd yn ôl . . . ac felly mi fydd yn rhaid cael taniwr.'

Trodd y dyn bach i syllu i fyny'r platfform. Pwyntiodd at adeilad hanner canllath i ffwrdd a safai'n ymyl y cledrau.

'A phwy fydd yn y *signalbox* yn fan 'cw?'

'Un arall profiadol. Yma ers blynyddoedd lawar. Dyn o'r enw Bowman . . . Gordon Bowman. Mae o'n ymddeol o fewn y flwyddyn. Gyda llaw, mae o wedi gofyn geith 'i wraig o fod yn y *signalbox* efo fo . . . i gael gweld y prins yn

83

dŵad oddi ar y trên ac yn . . . yn cwarfod y VIPs ar y platfform.'

'Hm . . . iawn! Dim gwrthwynebiad i hynny.' Trodd y dyn bach yn sydyn at y rhingyll, 'Ond mi fydd yn rhaid i un o'ch dynion chi fod yno hefyd. Mi fydd y *signalbox* yn lle da i gadw golwg ar bob dim fydd yn digwydd ar y platfform.' A thra gwnâi'r prif arolygydd nodyn o'r gorchymyn yn ei lyfr bach du aeth pwysigddyn y Swyddfa Gymreig dros weddill y manylion.

*   *   *

Lledorweddai Gordon Bowman yn ei gadair, papur newydd ar ei lin a'r croesair ynddo bron wedi'i gwblhau. Nid oedd dim i darfu ar ei fyfyrdodau ond sŵn cyfarwydd wagenni'n cloncian yn ei gilydd yn y Cei Llechi, ddau ganllath i ffwrdd. Teimlai'n fodlon glyd, wedi'i ynysu oddi wrth weddill y byd gan y niwl llaith tu allan, hwnnw'n llen lwyd rhyngddo a'r orsaf, yn cuddio ceg y Twnnel Mawr hanner milltir i ffwrdd, yn cuddio'r tomen-nydd tywyll oedd fel rheol yn gwgu ar y dref. Fwy nag unwaith cododd ei olygon a chlustfeinio cyn suddo'n ôl i'r llonyddwch boddhaus. Yna, o'r diwedd, gwthiodd ei law i boced ei wasgod a physgota am ei wats arian. Hanner awr wedi tri. Deuai sŵn digamsyniol y trên yn eglur drwy'r niwl y tro hwn wrth iddo ruthro'n rhydd o'r twnnel yn y pellter.

Cododd Bowman yn hamddenol at y ffenest, yn barod i godi llaw ar Gwilym Owen y gyrrwr a Glyn Bach y taniwr ifanc a fyddai gydag ef. Un difyr oedd Gwilym. Fe ddeuai draw am baned, yn ôl ei arfer, cyn mynd â'r trên pedwar yn ôl am Lan-faes.

Yn nes ac yn nes y deuai'r pwffian cyson a sŵn yr olwyn-ion yn chwibanu'n y cledrau oer tu allan. Tragwyddoldeb o aros. *Ble'r wyt ti, Gwilym? Rwyt ti'n hir iawn! Mae'n amsar i'r three thirty ymddangos o'r niwl. Mi welist y signal . . .*

Yna, fel drychiolaeth anferth, ymrithiodd y trên o'r llwydni llaith . . . ond nid ar ei ffordd i'r orsaf. Llamodd calon Bowman mewn arswyd pur wrth wylio'r *three thirty* yn llithro drwy'r niwl tua'r Cei Llechi. Ar y ffwtplêt safai Gwilym Owen a Glyn Bach Taniwr, y ddau'n rhythu'n gyhuddgar tuag ato, eu llygaid yn ddeifiol oer. Fferrwyd yr eiliad ac aeth amser yn ddim. Gwich hir fyddarol y brêc fel sgrech o brotest o'r niwl ac yna'r gwrthdrawiad mawr . . .

Pan agorodd ei lygaid roedd yn eistedd yn ei wely a'r *Na . . . a . . . a* anobeithiol hir yn marw ar ei wefusau crynedig. Diferai'r chwys oddi ar ei wyneb gwelw ac yn nhywyllwch ei lofft fe'i llethwyd gan unigrwydd mawr.

'Nid yr un hen hunlle eto, Gordon?' Llais cysglyd Nel, ei wraig.

'Ia,' meddai'n floesg.

'Mi a' i i neud panad iti, felly. Chysgi di ddim llawar eto heno, mae'n debyg.'

Rhwbiodd ei lygaid yng ngolau tanbaid y trydan a sudd-odd yn ôl ar ei gefn yn y gwely, ei feddwl yn ail-fyw'r hunllef cyfarwydd a'i galon yn curo'n euog.

'Rhaid iti drio anghofio'r ddamwain 'na Gordon.' Nel o'r gegin. 'Doedd dim bai arnat ti . . . dim bai o gwbwl. Petai'r dreifar wedi ufuddhau i'r signal . . .'

Ia . . . ufuddhau i'r *signal!* Pymtheg wedi'u lladd a Gwilym Owen a Glyn Bach yn eu mysg. Y *three thirty* yn llanast poeth o ddur ar waelod llechwedd y Cei Llechi.

'Dim bai o gwbwl. Dyna ddwedwyd yn y cwest. Bai'r dreifar . . . y fo anwybyddodd y *signal* wrth geg y twnnal.'

'Y niwl . . .'

'Nage! Nid y niwl chwaith, Gordon. Mi wyddost yn iawn be ddwedwyd. Y dreifar a'r taniwr bach ifanc hwnnw wedi meddwi . . .'

'Nid wedi meddwi, Nel . . .'

'Wedi bod yn yfad, Gordon! Wedi'u gweld yn y *North Western Hotel* yn Llan-faes cyn cychwyn . . .'

'Peint, Nel! Peint gawson nhw . . . yn ôl y rhai oedd yno.'

'Peint neu beidio Gordon, roedden nhw wedi bod yn yfad. Dyna oedd yn gyfrifol am y ddamwain . . . a dyna basiwyd yn y cwest, mai ar y dreifar . . . be oedd 'i enw fo?'

'Gwilym Owen.'

'Ia . . . mai arno fo, Gwilym Owen, roedd y bai. Ac mae'n hen bryd i ti, ar ôl deng mlynadd ar hugain, roi'r gorau i deimlo'n euog a stopio cael yr hunlla ofnadwy 'ma.'

I'w glustiau daeth eto ddolefain teithwyr a hisian stêm, gweiddi gorffwyll a rhedeg gwyllt. Hunllef yn wir!

'Roeddat ti wedi gneud dy waith. Roedd y *signal* i lawr ac fe ddylai Gwilym Owen fod wedi stopio'r trên . . . ond wnaeth o ddim. Arno fo a neb arall roedd y bai Gordon. Deng mlynadd ar hugain! Ac mae'n bryd iti anghofio . . . cymer y banad 'ma!'

*   *   *

'Piti garw! Ar ôl yr holl drefnu . . .' Wrth syllu allan i'r llwydni gwlyb, methai Nel gadw'r diflastod o'i llais a'i hwyneb.

Cytunodd y plismon yntau. 'Ia wir. Mi geith llawar iawn 'u siomi heddiw. Welan nhw mo'r prins yn y niwl 'ma

86

. . . a dwn i ddim be dwi'n neud yma efo chi'ch dau yn y *signalbox*. Cadw llygad ar y platfform i fod . . . ond y jôc ydi na alla i ddim gweld y stesion hyd yn oed, heb sôn am y platfform.'

'Pnawn fel hyn oedd hi bryd hynny hefyd . . .' Roedd llais Bowman yn freuddwydiol a phell a'i wyneb yn ddifynegiant. Eisteddai yn ei gadair a'r lifrai hen ffasiwn oedd amdano yn rhoi'r argraff ei fod yn perthyn i fyd ac i oes arall. 'A disgwyl y *three thirty* ydw i heddiw eto . . .'

Craffodd y plismon yn chwilfrydig ond golwg bryderus ddaeth i lygaid Nel. Roedd hi'n deall. Closiodd at ei gŵr ac roedd ei cherydd yn llawn cydymdeimlad. 'Hisht, Gordon! Bydd ddistaw! Paid â dechra sôn am y ddamwain 'na eto . . . neu mi fyddi di'n cael hunlla heno 'ma hefyd.'

'Mae hi ar 'i ffordd iti, Nel.' Gellid meddwl nad oedd wedi'i chlywed. 'Dydi hi ddim ymhell o'r Twnnal Mawr . . . injan stêm . . . a Gwilym Owen ar y ffwtplêt . . . Glyn Bach yn tanio . . .'

'Dyro'r gora i dy lol, Gordon! Mae Gwilym Owen yn 'i fedd . . . a Glyn Bach.' Trodd at y plismon i egluro. 'Mi fu 'na ddamwain fawr yma ddeng mlynadd ar hugain yn ôl— pymthag wedi'u lladd. Ar y dreifar oedd y bai . . . wedi meddwi a mynd drwy'r *signal*. Mi aeth y trên ffor 'cw dros y Cei Llechi yn lle ffor 'ma i'r stesion. Roedd Gordon wedi rhoi'r *signal* i lawr i'r trên stopio, 'dach chi'n dallt . . .'

Gwnaeth y plismon sŵn clecian dwys â'i dafod.

'A byth ers hynny mae Gordon yn cael 'i boeni yn y nos . . . hunlla o'r ddamwain. Deffro'n chwys doman ac yn crynu drosto . . . neu'n sgrechian dros y tŷ.'

Ar arwydd cyfrinachol ganddi ciliodd y plismon a hithau mor bell ag y gallent oddi wrth ei gŵr. 'Dwi'n

poeni'n 'i gylch o wchi. Dydi o mo'no fo'i hun ers tro. Mae
o fel petai o'n 'i feio'i hun am y ddamwain.' Nid oedd
rhaid iddi sibrwd, fodd bynnag, gan fod Gordon Bowman
ymhell i ffwrdd yn ei fyd bach ei hun.

'Digon naturiol hwyrach.' Ceisiodd y plismon ei
chysuro. 'Poeni rhywfaint am heddiw hefyd falla,'
cynigiodd.

'Mi fydd o'n riteirio mewn chydig fisoedd, 'dach chi'n
gweld . . . ond mae gen i ofn iddo fo fynd yn rhyfadd yn 'i
ben cyn hynny.'

'Gwilym Owen ydi dreifar gora'r lein!' Gellid meddwl
ei fod yn gwneud ati i gadarnhau ofnau'i wraig. 'Mi fydd
y prins yn saff efo Gwilym yn dreifio.' Gwthiodd ei law i
boced ei wasgod, smalio tynnu wats allan a syllu i lawr ar
gledr gwag. 'Dau funud arall ac mi glywn ni'r *three
thirty*'n dŵad allan o'r Twnnal Mawr . . . y prins yn
cyrraedd Blaen Dyffryn. Dwrnod pwysig iawn i'r lein. Mi
fydd o'n saff efo Gwilym Owen.'

'Gordon!' Cymerodd Nel gam tuag ato.

'Dyma hi!' Torrodd chwys ar ei dalcen wrth i sŵn y *three
thirty* hanesyddol dorri ar eu clyw. Gellid clywed ei
thrymder yn canu yn y cledrau a'i phwffian cyson yn
awgrymu na fyddai'n hir cyn ymddangos o'r niwl.

'Mae o wedi gweld y *signal*, gobeithio! . . . Mi ddylai fod
wedi stopio!'

'Gordon!'

'Stopio?' Camodd y plismon ymlaen yn frysiog. 'Dydi'r
trên ddim i fod i stopio, Mr Bowman . . . dydi'r trên ddim
i fod i stopio nes bydd y prins yn saff ar y platfform.'

'Os na stopith o mi fydd dros y Cei Llechi . . . ac mi geith
pawb 'u lladd.'

Erbyn hyn roedd y plismon wedi cyffroi o ddifrif a doedd siarad breuddwydiol Bowman yn gwneud dim i dawelu'i ofnau. O'r niwl deuai pwffian y *three thirty* yn nes ac yn fygythiol nes.

'Mr Bowman, mae'n rhaid imi fod yn berffaith siŵr. Y *signal*! Ydi o i fyny? Ydi'r *points* yn iawn? Atebwch, ddyn!' Roedd set radio fechan yn ei law, yn barod i rybuddio'r *inspector* o'r perygl.

Crynai llaw Nel a gwlychai'r dagrau'i hwyneb wrth iddi gydio ym mraich y plismon i'w atal. Nid oedd ei gŵr yn ymwybodol o'r un ohonynt.

'Stopia, Gwilym! Mae'r *signal* yn deud wrthat ti am stopio! Mi eith y *three thirty* dros y Cei Llechi ac mi geith pawb 'u lladd . . . mi geith y prins 'i ladd!'

Yn awr, roedd chwys yn torri ar dalcen yr heddwas hefyd yn ei ansicrwydd a'i gyfyng-gyngor. Ceisiodd fwmblan rhybudd i'w *inspector* ar y radio ond ar wahân i hynny roedd yntau, fel Nel, wedi'i barlysu, yn garcharor i ddrama nad oedd iddo ran ynddi. Deuai llais gorffwyll yr *inspector* yn glecian pell o'r radio ond boddid ef gan sŵn byddarol y trên yn dynesu. A pherthyn i fyd arall pell oedd y seindorf hefyd a geisiai estyn ei chroeso i'r tywysog. Fe ddylai'r *three thirty* ymddangos o'r niwl unrhyw eiliad.

'Stopia, Gwilym! Dwi 'di rhoi'r *signal* i lawr . . . heddiw. Wnes i ddim o'r blaen, 'r hen gyfaill. Arna i'r oedd y bai bryd hynny, dwi'n gwbod . . .'

Gwrandawai Nel yn gegrwth. Roedd yn amlwg iddi hi ac i'r plismon bellach fod Gordon Bowman wedi mynd o'i bwyll ond serch hynny, ni ellid anwybyddu arwyddocâd ei eiriau na'r taerineb yn ei lygaid gwallgof.

'Nid arna i mae'r bai heddiw. Mae'r *signal* i lawr . . .'

Ysgydwodd Nel ei phen i sicrhau'r plismon fod y trên yn berffaith ddiogel.

'Mi anghofiais i newid y *points* tro dwytha, Gwilym . . . a dwi'n cyfadda mai wedyn, ar ôl y ddamwain, y rhois i'r *signal* i lawr . . . i achub 'y nghroen . . . fel bod pawb yn meddwl mai ti . . . Ond heddiw, Gwilym, does 'na ddim bai arna i.'

Daeth y plismon ato'i hun a dechrau sgriblo'n frysiog yn ei lyfr bach du. Ar yr eiliad honno ymrithiodd y trên yn gymylau gwyn o'r niwl, yn ddiogel ar ei thaith i'r orsaf, hanner canllath i ffwrdd. Gollyngodd y cwnstabl ochen-aid ddofn o ryddhad o gael cip ar y tywysog yn dod yn ddiogel i ben ei daith ond ar ôl yr holl edrych ymlaen ni welodd Nel mohono. Roedd ei llygaid hi wedi'u hoelio'n drist ar wyneb euog ei gŵr.

Ni welodd Bowman mo'r tywysog chwaith, na chlywed bonllefau'r dorf o gyfeiriad yr orsaf. Roedd ei lygaid ef ar yr injan. Yno, ar y ffwtplêt, safai Gwilym Owen a Glyn Bach Taniwr yn syllu i fyny ar y *signalbox*, a'r ddau yn gwenu'n fodlon.

Ar Groesffordd Ofn

'Dyma ni! Mi stopia i yn fan 'ma ac mi gawn ni gerddad yn ôl i weld.'

Llithrodd y car, a'r garafán i'w ganlyn, oddi ar y ffordd wledig gul i bwt hwylus o dir comin.

'Paid â mynd yn rhy agos at yr ymyl, wir!' Syllai Elin Jenkins yn bryderus ar y nant rhyw ugain troedfedd oddi tanynt.

'Digon o le,' atebodd ei gŵr yn ddihitio. Estynnodd am ei gamera. 'Tyrd di â'r llyfr . . . a'r map!' Dringodd allan o'r car ac agor drws y cefn i'r ci. 'Tyrd, Satan!'

Llamodd y labrador mawr gloywddu'n awyddus ar ei ôl.

Yn hamddenol, dilynodd Elin Jenkins ei gŵr oedd yn camu'n gyflym i gyfeiriad yr hen adfeilion a welsent o'r car funud ynghynt. Rhuthrai Satan yn gyffrous dros y rhostir, wedi gwirioni o gael tipyn o ryddid.

'Chydig iawn sydd i'w weld yma, beth bynnag. Be mae'r llyfr yn ddeud?'

Eisteddodd y wraig ar garreg wastad yng nghysgod gweddillion mur dwyreiniol yr hen fynachlog. Agorodd y map a'i astudio'n fanwl am rai munudau cyn troi i'r llyfr— beibl y teithiwr—*The Tourist's Complete Guide to Ireland.* Gwibiai'i gŵr yma ac acw yn ei awydd i weld pob dim trwy lens ei gamera.

'Wel?' gwaeddodd ymhen hir a hwyr.

'Hyd y gwela i,' meddai hi'n bwyllog ond uchel, ei phen yn ôl yn y map, 'rydan ni rwla rhwng Cill Mochealóg a Cill Fionáin. Abaty An Mhainistir oedd hwn . . .'

'O?' Daeth yn nes ati. 'Be 'di 'i hanas o?'

Trodd Elin yn ufudd i'r llyfr unwaith eto.

'Seithfed ganrif—"*In the early Christian period An Mhainistir was probably self-sufficient . . . One of the oldest abbeys in the whole of Ireland . . . Tradition claims that monks from An Mhainistir used to challenge pagan sacrificial processions on the Crossroads of Death, two hundred yards away (see below) . . .*" Wedyn mae 'na lith hir am y *Crossroads of Death* 'ma.'

'Reit, tyrd! Mi awn ni'n ôl i'r car.' Gellid meddwl nad oedd ei gŵr wedi gwrando o gwbl. 'Mae'n tynnu am bedwar o'r gloch . . . amsar te.'

Cydgerddodd y ddau yn araf i lawr yn ôl at y garafán. Ymddangosodd Satan hefyd ar duth o rywle o'u hôl a bodloni ar ddilyn eu sodlau.

Tra oedd Elin yn paratoi'r pryd eisteddai Ted Jenkins ar stepan y garafán yn darllen o'r *Tourist's Guide*. Ddau ganllath i ffwrdd gallai weld adfeilion yr abaty yn sgerbwd du ar orwel y rhos.

'Bwyd, Ted!' Aethai chwarter awr heibio a theimlodd Elin y garafán yn ysgwyd oddi tani. 'Be wyt ti'n neud dwed?'

'Dadfachu'r garafán.'

'Pam? Dwyt ti ddim yn pasa aros yn fan 'ma heno wyt ti? . . . mewn lle mor anial?'

'Pam lai? Dŵad yma i gael tawelwch wnaethon ni, 'ntê, . . . a chei di unlla tawelach na hwn. Mae 'na chwanag dwi isio'i weld yma beth bynnag . . . yn ôl y llyfr.'

'O!' Gwyddai Elin mai ofer fyddai ceisio dadlau. 'Tyrd i nôl dy fwyd 'ta. Gad Satan allan yn fan'na.'

Eisteddodd y ddau wrth y bwrdd cyfyng a thra roedd yn bwyta eglurodd Ted yr hyn yr oedd wedi'i ddarllen yn y llyfr. 'Hyd y gwela i,' meddai, 'hon ydi'r *Crossroads of Death*.' Pwyntiodd drwy'r ffenest at lwybr, fel llwybr trol, yn croesi'r ffordd ychydig lathenni oddi wrthynt. 'Croesffordd yr Herio ydi'r enw iawn arni. Yn ôl pob golwg mae'r ffordd yma, yr un 'dan ni'n trafaelio arni, yn dilyn hen, hen lwybr—Llwybyr y Pererinion—oedd yn mynd i Abaty An Mhainistir. Wyst ti be ydi enw'r llwybyr arall 'na sy'n 'i groesi o? Llwybyr y Dial . . .'

Arhosodd Elin yn amyneddgar i'w gŵr orffen brechdan gig arall. Roedd yn ei adnabod yn ddigon da i wybod mai yn ei amser ei hun y gorffennai'r hanes.

'Mae'r llyfyr yn deud, os cerddwn ni draw ffor 'cw i'r dde dros y bont garrag fach 'cw, y down ni at gylch cerrig —Meini'r Ddefod ydi'r enw arnyn nhw. Yno'r oedd yr hen Geltiaid paganaidd yn arfar cynnal 'u seremonïau, yn ôl pob golwg.'

Syllodd Ted Jenkins wedyn i'r chwith. 'Os awn ni ffor 'cw,' meddai, 'fe welwn ni allor garrag, y Maen Offrwm. Mae'r llyfr yn deud y byddai paganiaid cynnar yn cynnal 'u defoda cyntefig yn y cylch cerrig ac wedyn yn gorymdeithio ffor 'ma ar hyd Llwybyr y Dial, draw at y Maen Offrwm . . . ac yn fan 'no'n aberthu rhywun neu'i gilydd i'w duwia.'

'Be? Lladd rhywun wyt ti'n feddwl?'

'Ia, wrth gwrs . . . 'i roi o ar yr allor a phob un wedyn, wrth gerddad heibio, yn gwthio cyllall i mewn iddo fo.'

Er mor wamal y swniai llais ei gŵr teimlai Elin Jenkins arswyd o glywed y fath hanes.

'Bobol bach! Yr anwariaid! Duw a faddeuo iddyn nhw.'

Chwarddodd Ted. 'Duw? Doedd hwnnw fawr o help!'

Edrychodd Elin yn llym ar ei gŵr. Un o'r pethau a'i blinai hi fwyaf yn ei gylch oedd ei anffyddiaeth.

'Cabledd, Ted! Paid â rhyfygu da ti!'

Chwarddodd yntau eto'n ddihiwmor. 'Wel, doedd o ddim iti. Yn ôl yr hanas mi fyddai ambell fynach neu bererin o bryd i'w gilydd yn dŵad i sefyll ar y groesffordd yn fan'na, rhyw bum llath o ble 'dan ni'n ista'r eiliad 'ma, i drio rhwystro'r paganiaid rhag cynnal eu seremoni ar y Maen Offrwm. Mi fydden nhw'n sefyll yn ffordd yr orym-daith gan ddal croes o'u blaen . . . Duw yn erbyn y diafol, fel petai. Dyna ystyr Croesffordd yr Herio, ti'n gweld. Y diafol oedd yn ennill gan amla yn ôl yr hanas . . .'

'Rhag cwilydd iti, Ted! Paid â siarad fel 'na, plîs.'

'Mae'n wir, Elin bach. Ac yn waeth na hynny, mi fyddai'r mynach neu'r hen bererin druan yn gorfod cymryd lle'r sawl oedd i fod i gael 'i offrymu. Mynd â fo ar y Maen Offrwm . . . ac wedyn . . .'

Gwnaeth Ted arwydd o dynnu cyllell ar draws ei wddf, yna chwarddodd wrth weld y difrifoldeb ar wyneb ei wraig.

'Tyrd, mi awn ni i chwilio am y cerrig 'ma. Mi gei di olchi'r llestri ar ôl dod nôl.'

Roedd wedi troi pump o'r gloch arnynt yn gadael y garafán a chychwyn i'r dde ar hyd Llwybr y Dial. Erbyn hynny roedd yr awel wedi colli'i thynerwch a chodai tarth ysgafn oer o fawnen y rhos. Yn ddigon difywyd ac anfoddog y dilynai Satan hwynt.

Wrth groesi'r bont garreg fechan rhyfeddodd y ddau at sŵn gwag eu camau. Ym mhobman arall roedd y llwybr wedi'i orchuddio â glaswellt ond cerrig noeth oedd wyneb y bont. Byrlymai'r nant oddi tanynt rhwng cerrig mwsoglyd ei gwely.

'Dacw nhw!'

Ganllath tu draw i'r bont rhedai'r llwybr yn syth i gylch o gerrig enfawr. Saith maen ar eu pennau yn y pridd ac un garreg wastad yn y canol.

'Meini'r Ddefod!' meddai Ted a swniai'i lais yn annaturiol o glir ac uchel. 'Yma y bydden nhw'n paratoi at yr offrymu.' Cerddodd ymlaen i'r cylch. 'Mae'n siŵr y gellid 'u clŵad nhw'n iawn o'r abaty.'

'Tyrd o 'ma Ted.'

'Pam? Be sy?'

'Dwn i ddim . . . ond dydw i ddim yn licio'r lle o gwbwl. Fedra i ddim egluro pam, ond mae 'na . . . mae 'na rwbath yn . . . yn aflan yma.'

Chwarddodd ei gŵr. 'Aflan? Be wyt ti'n feddwl? Does 'na ddim byd yma ond cerrig. Deunydd iawn i lun.' Cododd ei gamera at ei lygad.

'Na, mae 'na fwy na hynny.' Erbyn hyn doedd llais Elin yn ddim mwy na sibrydiad cryg. 'Edrych ar Satan!'

Roedd y labrador mawr wedi aros ar y llwybr rhyw ugain llath tu ôl iddynt a blew gloywddu arferol ei war a'i gefn wedi codi ar ei wrychyn. Fflachiai'i lygaid yn wyllt ac ofnus. Ond roedd Ted yn rhy brysur i sylwi. Tynnodd lun neu ddau cyn ymuno â'i wraig tu allan i'r cylch. Troesant i ddychwelyd dros y bont a throdd Satan i gerdded o'u blaen gan daflu aml edrychiad nerfus dros ysgwydd.

'Oedd,' meddai Ted, 'mae'n siŵr bod sŵn eu seremoni i'w glŵad yn glir o An Mhainistir i fyny yn fan 'cw.' Edrychodd drwy'r tarth ar adfeilion tywyll yr abaty.

'Oes raid inni aros yma heno, Ted? Pam nad awn ni mlaen i Cill Fionáin a chael lle gwell i aros yn fan'no?'

'Twt, Elin! Ble cei di well na hwn? Tyrd, mi awn ni i chwilio am y Maen Offrwm rŵan.'

Aethant heibio i'r car a'r garafán, dros y ffordd, gan gadw ar Lwybr y Dial. Dau ganllath arall ac fe'i gwelsant ef. Roedd y llwybr yn arwain yn union ato.

'Y Maen Offrwm!' Anesmwythodd Elin o glywed rhywfaint o arswyd hyd yn oed yn llais ei gŵr erbyn hyn.

Carreg fawr lefn oedd y maen, yn gorwedd yn anwastad ar ddau faen llai, fel bwrdd ag un pen iddo'n uwch na'r llall.

'Yli, Elin! Dydi'r llwybyr yn mynd dim pellach. Dydi Llwybyr y Dial ond yn rhedag o Gylch y Ddefod at y Maen Offrwm. Rhyw bedwar canllath ydi o i gyd.'

'Tyrd yn ôl i'r garafán, Ted. Mae fan 'ma'n aflan hefyd.'

Chwarddodd ei gŵr yn ddihiwmor eto ond nid cyn uched â chynt. 'Aros imi gael llun ohono fo. Mae'r tarth 'ma'n gefndir gwych. Dos i ista ar y garrag, Elin, imi gael tynnu dy lun di.' Gwyddai o'r gorau beth fyddai'i hateb.

'Dim peryg yn 'byd yr a' i'n agos ato fo.'

'Mae'n siŵr y gwelit ti waed ym mhob man 'sat ti'n chwilio'r garrag 'sti.'

Anwybyddodd Elin wamalrwydd dideimlad ei gŵr. Safodd yn fud iddo dynnu llun o'r allor garreg, yna gwyliodd yn amyneddgar tra roedd yn astudio wyneb y maen. Trodd i chwilio am gysur y ci ond nid oedd sôn amdano'n unman.

'Brysia, Ted! Dwi'n oer.'

O ddychwelyd gwelsant fod Satan yn llechu'n ofnus o dan y garafán.

'Ci rhyfadd 'di hwn, Elin.' Edrychodd ar ei wats. 'Pum munud i chwech! Be am fynd i . . . be 'di enw'r lle bach dwytha 'na ar y map?'

'Cill Mochealóg?'

'Ia, dyna fo. Neith hi ddim dechra twllu am dair awr arall yn reit siŵr.'

'O ia!' Ni cheisiodd Elin gelu'r rhyddhad o'i llais. 'Mae'n siŵr y bydd 'na ddigon o le yn fan'no i roi'r garafán 'sti.'

'Na, nid dyna o'n i'n feddwl. Mynd yn y car ond gadael y garafán yn fan 'ma. Cael gafael ar dafarn ddiddorol falla i dreulio awr neu ddwy cyn noswylio.'

'O!' Roedd ei siom yn awr mor amlwg â'i rhyddhad eiliad ynghynt ond gwyddai'n rhy dda am styfnigrwydd ei gŵr i geisio'i ddarbwyllo. 'Gad imi olchi'r llestri'n gynta . . . a newid fy ffrog.'

Bychan iawn oedd pentref Cill Mochealóg a'r un dafarn oedd yno yn amlwg heb ei haddasu ar gyfer ymwelwyr. Cawsant le i eistedd wrth yr unig fwrdd oedd yno ac aeth dwyawr ddifyr heibio naill ai'n trefnu taith trannoeth ar y map neu'n sgwrsio â'r tafarnwr a'r tri chwsmer arall. Roedd y rheini'n llawn gwybodaeth am yr ardal ac yn fwy na pharod i egluro neu awgrymu, yn ôl y galw, ond pan geisiodd Ted holi am An Mhainistir a Chroesffordd yr Herio ac ychwanegu mai yno y bwriadai ef ac Elin dreulio'r nos, edrychodd y tafarnwr a'r tri arall yn arwyddocaol ar ei gilydd cyn troi'r sgwrs at rywbeth arall. A thrwy'r cyfan gorweddai Satan yn fodlon braf o flaen y tân mawn a gynhesai noson ddigon iasol o haf.

'Wel, Elin, mi fasa'n well inni'i throi hi'n ôl am y garafán. Mi fydd yn hannar awr wedi naw arnon ni'n cyrraedd.'

Ond oedi wnâi Elin cyhyd ag y gallai ac yn anfoddog y cododd hi o'i chadair o'r diwedd i ddilyn ei gŵr at y drws. Wrth ffarwelio â'r cwmni daliwyd ei llygad am eiliad gan y tafarnwr a thybiai hi weld pryder ar ei wyneb, yn gymysg â thosturi mud.

'Tafarn fach neis,' meddai Ted wrth iddynt yrru'r bedair milltir yn ôl i'r garafán. Nid atebodd Elin; roedd gormod ar ei meddwl.

Daeth sgerbwd abaty An Mhainistir i'r golwg yn fuan drwy darth gwyn y rhos. Edrychai'r garafán yn ddieithr a digysur ar ei llecyn rhwng y ffordd a'r llwybr a'r nant a gwnaeth Satan sŵn cwyno isel yn ei wddf wrth iddynt nesáu ati. Roedd y nos yn cau yn gyflym a chynnar amdanynt.

'Gwna di banad tra bydda i'n mynd â'r ci am dro,' meddai Ted ar ôl cloi'r car ac agor y garafán i Elin.

'Peidiwch â mynd ymhell . . . a pheidiwch â bod yn hir . . . plîs.'

Prysurodd i oleuo'r lamp fechan a thynnu'r llenni. Teimlodd yn well ar ôl gwneud ac aeth ati i lenwi'r tecell a'i roi ar y stôf. Gollyngodd ochenaid o ryddhad serch hynny pan glywodd ei gŵr yn dychwelyd.

'Un rhyfadd ydi'r ci 'ma, Elin,' meddai wrth ddringo'r grisiau i mewn i'r garafán. ''Sat ti'n gweld y draffarth ges i i fynd â fo am dro . . . isio dŵad nôl i'r garafán bob gafal. Mi fu'n rhaid imi roi'r lîd arno fo'n diwadd a'i dynnu o ar f'ôl.'

'Do, mae'n siŵr. Tyrd i nôl panad inni gael mynd i'n gwlâu.'

Sŵn Satan yn chwyrnu ac yn crafu a'u deffrôdd. Ymbal-

98

falodd Ted am ei wats a chraffu ar lewyrch gwan ei hwyneb.

'Chwartar wedi hannar nos! Be sy ar y ci gwirion 'na?'

'Gwranda, Ted!' Sibrydiad ofnus oedd llais Elin. 'Be sy 'na? O Dduw, be sy 'na?'

Roedd chwyrnu ysgafn y ci wedi troi'n riddfan torcalonnus. O'r pellter deuai sŵn rhyfedd, sŵn i godi gwallt pen unrhyw un; cymysgedd o oernadau arswydus a siantio rheolaidd yn codi a gostwng fel petai'n dod atynt ar awel anwadal. Rhuthrodd Ted i'r ffenest a rhythu allan i'r tywyllwch ond swatio'n dynnach o dan ddillad y gwely a wnaeth ei wraig.

'Be gythral sy'n digwydd?'

'Be, Ted? Be weli di? Be sy'n bod?'

'Fedri di ddim cau ceg y blydi ci 'na?' Awgrymai'r min ar ei lais fod arno yntau ofn.

'Tyrd yma, Satan! Tyrd yma, boi! Be sy 'na, Ted? Be 'di'r sŵn ofnadwy 'na? Dwed wrtha i, plîs.'

'Does gen i ddim syniad . . . os nad oes 'na ryw griw ifanc yn cadw reiat. Sbia!'

Tynnodd y llenni'n agored a phwyntio. Roedd y byd tu allan fel gwlad hud, y lleuad lawn wedi boddi mewn niwlen ysgafn a'r tarth gwyn yn rhoi gwedd annaearol ar bob dim. Yn union o'u blaen ymddangosai adfelion An Mhainistir yn fygythiol ddu yn erbyn awyr y nos. Gostegodd y sŵn pell gan adael tawelwch llethol unwaith eto heb ddim ond parabl y nant i ddwysáu'r dyfnder a griddfan Satan wrth y drws i ychwanegu at eu hanesmwythyd.

Daeth Elin â'i thrwyn at y gwydr a syllu'n fud draw i'r dde ar y wawr o oleuni o gyfeiriad Meini'r Ddefod. Fel y syllent, cododd ton arall o'r siantio dolefus a theimlodd y ddau'r gwaed yn rhewi yn eu gwythiennau.

'Cau dy geg, Satan!' Cododd Ted i agor drws y garafán iddo ond at yn ôl y symudai'r ci a'i wrychyn yn crynu.

'Ted! O Ted! Maen nhw'n dŵad!' Trodd ei hofn yn ddagrau.

Rhuthrodd ei gŵr yn ôl ar y gwely cul ger y ffenest a rhythu allan i'r nos. Dyna lle'r oeddynt, yn golofn ddwbl hir o siapiau tywyll ar Lwybr y Dial, pob un mewn gwisg laes a chwfl ac yn dal ffagl ynghynn uwch ei ben. Ar y blaen cerddai gŵr tal mewn mantell wen a chwfl du arni ac yn union tu ôl iddo ferch ifanc, hithau mewn gwenwisg laes, ei phen yn gwyro'n ddigalon tua'r llawr. Ni ellid gweld y rhan isaf o'u cyrff gan mor drwchus y tarth o gylch eu traed ac o ganlyniad ymddangosai'r golofn gyfan fel pe bai'n llithro ymlaen trwy fôr o niwl gwyn.

'Pwy ydyn nhw, Ted? O Dduw, pwy ydyn nhw?'

'Maen nhw'n dŵad o gyfeiriad Cylch y Ddefod, beth bynnag,' meddai'i gŵr yn gryg. 'Gwranda!'

Drwy'r siantio a'r oernadu erchyll daeth adlais y traed yn gorymdeithio dros y bont ac fel y nesaent deuai'u ffurf yn fwy a mwy amlwg i'r ddau oedd yn gwylio. Yna, cyn cyrraedd y groesffordd safodd pob un ar arwydd distaw ei arweinydd a gostegodd y sŵn. Cododd y blaenwr ei ffon drwchus a'i phwyntio at y garafán ac yn araf trodd pob un ei ben i syllu tuag atynt. Nid oedd dim ond düwch i'w weld o dan y cwfl.

'Maen nhw wedi'n gweld ni, Ted!' Roedd y ddau wedi cilio'n reddfol o'r ffenest. 'Maen nhw wedi'n gweld ni!' Roedd ei llais yn ymylu ar banig llwyr.

'Paid â gweiddi!' rhybuddiodd ei gŵr yn dawel. 'Cadw dy ben, Elin! Cadw dy ben!'

Trodd y sŵn yng ngwddf Satan yn chwyrnu distaw. Cododd Ted yn gyflym a chydio ynddo gerfydd ei goler.

'Dos allan i'w dychryn nhw, was!' meddai'n floesg. 'Dychryn nhw'n iawn!' Ond doedd dim argyhoeddiad yn ei lais. Ar hynny, tynnodd y drws yn gilagored a gwthio'r ci anfoddog allan cyn ei gloi drachefn. Aeth yn ôl i'r ffenest at ei wraig.

Nid oedd y golofn wedi symud dim a daliai'r arweinydd i sefyll yn yr unfan yn pwyntio'i ffon. Yna dechreuodd Satan gyfarth yn wyllt fel pe bai wedi goresgyn ei ofn a chawsant gip ohono'n diflannu i'r tarth a'r tywyllwch yng nghyfeiriad yr orymdaith arallfydol.

Er na allent weld beth ddigwyddodd nesaf roedd yn amlwg iddynt na chafodd y dieithriaid eu cynhyrfu o gwbl gan gyfarth bygythiol y ci. Yna teimlodd Ted ewinedd ei wraig yn plannu'n ofnus i'w fraich wrth i'r siantio a'r oernadu ailgychwyn, yn dawel, dawel i ddechrau fel rhyw furmur pell a chynyddu'n raddol i gresiendo gwallgof. Fel y cyrhaeddodd ei uchafbwynt dechreuodd y golofn felltigedig symud yn lledrithiol unwaith yn rhagor fel un gŵr.

Pum llath oedd rhyngddynt a'r groesffordd. Yn nes ac yn nes y deuai'r orymdaith.

'Ted! Yn enw'r nefoedd, sbia!'

Cerddai'r ferch ifanc yn awr ochr yn ochr â'r arweinydd, a rhyddhad un wedi'i hachub ar ei hwyneb gwelw. Rhyngddynt a gweddill y golofn deuai'r labrador du, ei gôt lefn yn disgleirio yn llewyrch y ffaglau.

'Satan!'

Yn araf arswydus croesodd y gorymdeithwyr y ffordd o'u blaen, ugain a rhagor ohonynt ar Lwybr y Dial yn anelu am y Maen Offrwm—a Satan yn ddigyffro yng nghanol eu hoernadau trist. Gwyliodd Ted ac Elin hwynt yn llithro heibio o un i un nes diflannu o bawb i'r tarth a'r tywyllwch. A hwythau'n eistedd yno'n fud ar wely'r garafán heb feiddio symud na llaw na throed, yn syllu allan i'r nos a disgwyl, gwelent y goleuadau yn crynhoi o gylch y Maen Offrwm. Ond dyna i gyd a welent, y llewyrch gwyn annaearol. Yn raddol, cynyddodd sŵn y siantio eto'n gresiendo rhythmig ac yna daeth un gri ddolefus hir i'w clustiau, cri olaf mewn artaith angau. Chwiliodd Elin yn reddfol am law ei gŵr a'i gwasgu mewn ofn.

'O Dduw . . . O Dduw!'

Aeth munudau o ddisgwyl heibio.

'Maen nhw'n dod!'

Ailymddangosodd y golofn fygythiol yn raddol o'r nos, eu ffaglau unwaith eto'n gylchoedd bach gwyn yn y tarth uwch eu pennau. Eu dilyn a wnâi'r arweinydd yn awr a'r ferch gydag ef. Nid oedd sôn am Satan.

Ar y groesffordd, ar arwydd mud y gŵr yn y fantell wen a'r cwfl du, safodd pob un, yn reddfol, fel petai, a throi'n araf i syllu eto ar y garafán. Cododd yntau'i ffon fel cynt a'i phwyntio'n gyhuddgar at y tresbaswyr ac fel y gwnâi, cychwynnodd y murmur rhythmig gan gynyddu'n ddisgybledig nes fferru calon y gŵr a'r wraig oedd yn gwylio. Fel y cyrhaeddai'i anterth dechreuodd y golofn symud unwaith eto, trwy reddf fel petai. Clywyd eto adlais gwag eu traed ar y bont garreg ac yna roeddynt wedi mynd. Ciliodd eu sŵn a llewyrch eu ffaglau.

'Breuddwydio wnes i, Ted? Dwed wrtha i mai breudd-wydio wnes i.' Nid atebodd ei gŵr hi. Eisteddai'n syfrdan ar y gwely cul gan ddal i syllu allan i'r nos i gyfeiriad Meini'r Ddefod.

'Be am Satan, Ted? Gad inni fynd o 'ma wir . . . yr eiliad 'ma.'

'Reit! Mi a' i i fachu'r garafán.'

Wedi i'w gŵr fynd allan cydiodd cryndod yng nghorff Elin. Syrthiodd ar ei gliniau a thrwy'i dagrau ac igian ei wylo sibrydodd weddi daer: 'O Dduw, helpa ni i ddianc rhag y peth aflan hwn . . . Gwarchod ni rhag y Drwg . . . Cadw ni'n ddiogel rhag gwaith y Diafol . . .'

Daeth Ted yn ei ôl. 'Rho'r gorau i'r lol 'na, Elin, a dos i ista i'r car tra bydda i'n chwilio am Satan.'

'Na, Ted!' Roedd ei llais bron yn sgrech. 'Paid â 'ngadael i! Paid â mentro . . .'

'Eiliad fydda i, ddynas! Fedrwn ni ddim mynd hebddo fo.'

Cydiodd mewn fflachlamp a brysio ar hyd Llwybr y Dial i gyfeiriad y Maen Offrwm. Ni feiddiai alw enw'r ci.

Roedd y labrador du'n gorwedd ar y garreg, ei waed yn ceulo'n ffrydiau duon arni a'i goluddion yn amlwg yn yr archollion dirifedi dwfn ar ei gorff. Methodd Ted â mygu'i sgrech. Trodd a rhuthro'n ddall am y garafán heb weld y drychiolaethau'n aros amdano ar y llwybr . . .

Neidiodd Elin wrth glywed y siantio'n ailgychwyn mor annisgwyl . . . ac mor agos. Llifodd ton o unigrwydd ac anghysur drosti. Ar ei gliniau yr oedd hi o hyd.

'O Dduw! O Dduw! Helpa fi . . . helpa fi Dduw yn erbyn y . . . y Drwg . . .'

Cododd ei phen i weld llygaid marw a wyneb gwaedlyd ei gŵr wedi'i wasgu yn erbyn gwydr y ffenest. Rhwygwyd y nos gan ei sgrech hir.

Gwarth Dolmynach

Bu bron imi beidio â derbyn y swydd . . . ar ôl y sgwrs efo Ned.

'Rwyt ti'n grymffast cry,' medda fo a chysgod gwên yng nghonglau ei lygaid oer, ac yna'n ddistawach, 'ond nid wrth ei big y mae prynu cyffylog chwaith.'

Edrychais yn ymholgar arno. Disgwyliwn iddo egluro ond wnaeth o ddim. Yn hytrach, safodd yno'n syllu arnaf yn feirniadol fel pe'n fy mhwyso a'm mesur yn ei feddwl a'i wên o hyd yn crychu'r arlais.

'Ond dyna fo,' meddai ymhen sbel a llwydni'i lygaid yn cynhesu'r mymryn lleiaf, 'mi gawn weld. Os mai rhyw frechdan o ddyn wyt ti mi fyddi wedi'i heglu hi'n ddigon buan.'

Roedd yn siarad mewn damhegion ond teimlwn ei fod yn ddilornus ohonof. Oedd o, tybed, yn genfigennus am fy mod yn dod i Ddolmynach? Am fy mod yn dod yno i wneud y gwaith y bu ef yn ei wneud cyhyd? Anodd oedd darllen ei feddwl.

'Mae'n siŵr y byddwch chi'n 'i theimlo hi'n chwith garw am sbel, Edward Thomas . . . wedi bod yma'r holl amser. Trigian mlynadd yntê?'

'Ers yn ddeunaw oed wel' di . . . a chyn hynny hefyd, 'machgan i. Yn yr hen blas 'ma y ces i 'magu. 'Nhad yma o 'mlaen i'n gofalu am y lle . . . a'i dad ynta am gyfnod byr o'i flaen o. Dyna pam dwi'n dallt petha yma, ti'n gweld. Wnei di byth mo hynny.'

Er nad oeddwn yn deall ei sylw olaf daeth i'm meddwl anghytuno ag ef a dweud wrtho y gallwn fod cystal gofalwr a garddwr ag yntau. Gwell hefyd, meddyliwn wrth syllu o'm cwmpas ar y diffyg llewyrch yn yr ardd a'r angen trwsio a pheintio ar yr hen dŷ. Arwyddion amlwg ym mhobman pam fod Ned o'r diwedd yn ymddeol.

'Ffaith iti, 'machgan i! Am dros gan mlynadd rydan ni wedi bod yn ofalwyr ar yr hen le 'ma, ac mi rydan ni wedi dallt y lle. Mae hynny'n bwysig.'

'I ddallt o, Edward Thomas? Be 'dach chi'n feddwl?'

'Waeth imi heb â deud wrthat ti. Ddallti di ddim. Ddallti di byth . . .'

Syllais ar ei wyneb rhychog a'r hirwallt tenau gwyn yn cael ei chwalu gan awel ysgafn y prynhawn a sylweddolais bryd hynny na chawn fyth wybod cyfrinachau Ned. Roedd yn siarad mewn damhegion—o fwriad. *Twt!* meddwn wrthyf fy hun. *Ddim yn licio 'ngweld i'n mynd â'i job o mae o.*

Daethai tymor Edward Thomas fel gofalwr a garddwr Dolmynach i ben pan fu'r Lady Gwendoline farw; yr olaf o'r teulu, hen deulu Lloyd-Wynn a adeiladodd blasty Dolmynach yn ôl yn 1777, 'blwyddyn y tair caib', chwedl Ned. Ac ef oedd yr olaf o'r llu gweision a morwynion a fu unwaith yn gweini yma. Mae'n siŵr bod yr hen wraig wedi'i ystyried fel un o'r teulu ers blynyddoedd ac na fu disgwyl iddo wneud unrhyw galedwaith yn ystod y cyfnod hwnnw. Roedd yr hen Lady a Ned a'r plasty'i hun wedi dadfeilio gyda'i gilydd.

Hysbyseb mewn papur newydd wnaeth i mi geisio am y swydd. Awdurdod Addysg Lerpwl wedi prynu'r adeilad a'i droi'n Ganolfan Antur Awyr Agored ac eisiau gofalwr a garddwr i'r lle. Rhyw bwt o brentis plymar di-waith oeddwn i ar y pryd heb lawer o obaith cael fy nghyflogi yn unman. Mewn dwy flynedd roeddwn wedi cynnig am ugeiniau o swyddi, yn benderfynol nad oeddwn am dreulio gweddill fy nyddiau yn y ciw dôl ond roedd fy ngobeithion wedi mynd yn llai a llai bob tro y cawswn fy ngwrthod. Tipyn o syndod felly fu cael fy ngalw ddiwedd Hydref am gyfweliad i'r hen blasty ym Meirionnydd am swydd y gwnaethwn gais amdani yn ôl ym mis Mai. Roedd aml siom y ddwy flynedd ddiwethaf wedi 'nghaledu ac nid oeddwn wedi caniatáu i mi fy hun fynd yn rhy obeithiol. Roedd Ned ar y llaw arall yn sicr iawn ei feddwl.

'Mae'r gwaith i ti.' Dyna'i eiriau wrthyf tra oeddwn yn aros i gael fy ngalw i mewn i barlwr mawr yr hen blas am fy nghyfweliad. 'Ti ydi'r unig un ar ôl . . . ac yma y bydda inna nes y can' nhw rywun fydd yn dallt y lle.'

A Ned oedd yn iawn. Fi oedd yr unig ymgeisydd hyd y gwelwn i ac ar ôl cyfweliad byr gyda Mr Jennings y warden fe gynigiwyd y swydd imi. Cyflog rhesymol, oriau amhenodol—cawn weithio neu beidio pryd y mynnwn cyn belled â bod y gwaith yn cael ei wneud—a bwthyn bach yng nghefn y plasty, neu'r 'ganolfan' fel y'i gelwid bellach, imi fyw ynddo. Roeddwn wrth fy modd a dyna dderbyn y telerau'n syth a threfnu i ddod â'm pethau yno a chychwyn ar y gwaith gynted ag oedd modd.

Wrth imi ddod allan o'r plas roedd Ned yn aros amdanaf.

'Fe'i cest ti hi,' meddai gyda'r un sicrwydd â chynt. 'Roedd o'n siŵr o'i chynnig hi iti. Pa mor hir yr arhosi di sy'n gwestiwn arall.'

Ar y pryd roeddem yn cerdded heibio i dalcen y tŷ am y bwthyn yn y cefn. Sefais yn stond a syllu i fyw ei lygad.

'Edward Thomas!' meddwn i'n bendant. 'Pam na ddeudwch chi'n blaen be sy ar eich meddwl chi yn lle rhyw dindroi ynglŷn â'r peth? Pam na ddylwn i aros yma? Mi fydda i wrth 'y modd yn gneud y gwaith. A be oeddach chi'n feddwl gynna pan ddeudsoch chi mai fi oedd yr unig un ar ôl?'

Anwybyddodd fy nghwestiynau.

'Fan 'cw dwi'n byw,' meddai. 'Dyna fy nghartra i bellach.'

Edrychais i'r un cyfeiriad ag ef ar adeilad hir tu draw i'r lawnt chwith a changau'r coed mawrion yn plygu'n isel drosto.

'Hen stabla'r plas slawer dydd! Lle prysur yn yr hen ddyddia 'machgan i, does gen ti ddim syniad. Acw, yn y llofft uwchben, y byddai'r gweision yn byw pan oedd y teulu mewn bri wel'di, ond maen nhw i gyd wedi mynd erbyn heddiw, i gyd ond fi.'

'Do. Mae'n siŵr eich bod wedi gweld llawar tro ar fyd. Go drist i chi, mae'n siŵr, oedd gweld y teulu'n mynd o un i un. A rŵan does neb ar ôl.'

Roedd ar fin ailgychwyn cerdded ond safodd a throi i edrych yn ddwys arna i eto.

'Dydi'r teulu ddim wedi mynd, 'machgan i. Paid di â meddwl 'u bod nhw. Sôn am y gweision o'n i funud yn ôl.'

'O! 'Ddyliais i ichi ddeud gynna mai'r Lady Gwendoline oedd yr olaf un?'

Trodd ei ben a syllu'n hir i fyw fy llygad nes peri imi deimlo'n anghysurus. Ond nid edrych arna i yr oedd.

Roedd ei feddwl ymhell. Bron na allwn weld y niwl dros ei lygaid llwyd.

'Ddallti di byth!' meddai o'r diwedd. 'Ddallti di byth! A fyddi ditha chwaith ddim yma'n hir.'

'Ble mae'r bwthyn 'ma y bydda i'n byw ynddo fo?' holais yn swta. Roedd yn amlwg na chawn lawer o synnwyr gan Ned.

Fe'm arweiniodd i gefn y plas. Yno, wedi'i amgylchu ar dair ochr gan goed rhododendron trwchus, safai fy nghartref newydd. O ystyried cyflwr pobman arall, synnais weld fod y bwthyn mewn cyflwr ardderchog, wedi'i beintio'n ddiweddar ac wedi'i garpedu a'i ddodrefnu.

'Pwy fu'n gneud y lle'n barod?' gofynnais wrth syllu o gwmpas yr ystafell fechan.

'Yr un oedd yma o'th flaen . . . nage, yr un o flaen hwnnw.'

'Be 'dach chi'n feddwl, Edward Thomas? Ro'n i'n meddwl mai dŵad yma'n eich lle chi ro'n i?'

'Mae 'na ddau wedi bod yma'n barod ar f'ôl i 'machgan i. Chdi ydi'r trydydd.'

Roeddwn yn y niwl yn lân.

'Ond os oes 'na ddau wedi bod yma ar eich ôl chi pam ydach chi'n dal yma?'

'Y cyw a fegir yn uffern, yn uffern y myn fod, wel'di. Yma y bydda i tra bydda i.'

Deuthum i ddeall yn ddiweddarach mai un o amodau ewyllys Lady Gwendoline oedd fod yr hen stablau i aros yn gartref i Ned tra byddai byw. Cefais wybod hefyd pam y bu'n rhaid imi aros cyhyd am gyfweliad am y swydd a minnau wedi gwneud fy nghais yn ôl ym mis Mai. Yn ôl pob golwg roedd tri ohonom wedi ateb yr hysbyseb—a fi oedd ar waelod y rhestr! Fe'i cynigiwyd i'r ymgeisydd mwyaf cymwys i ddechrau. O fewn pythefnos roedd hwnnw wedi gadael yn ddirybudd. Cysylltodd y warden wedyn â'r ail ymgeisydd a chynnig y swydd iddo ef. Deufis barhaodd hwnnw. A dyna pryd y cefais i air i ddod i Ddol-mynach am gyfweliad. Ni chynigiwyd unrhyw eglurhad imi pam fod y ddau arall wedi gadael mor ddisymwth.

Fe saif fy wythnos gyntaf yn Nolmynach ymysg y cyf-nodau brafiaf yn fy hanes. Roedd pob diwrnod fel dydd o haf, yr awyr yn las ddigwmwl a'r haul tanbaid yn rhoi godidowgrwydd arbennig i liwiau'r hydref yng nghoed y plas. Feddyliais i rioed y cawn gymaint o bleser o drin gardd ond bûm wrthi'n ddiwyd yn palu a chwynnu a chlirio'r gwelyau blodau o flaen y tŷ ac yn tocio rhai o'r cangau oedd wedi dechrau pwyso'n isel dros y dreif. Bûm hefyd yn llosgi a chrafu'r plisgyn sych o baent ar y drws ffrynt a'r ffenestri isaf. Mewn gair, roedd popeth wrth fy modd—y tywydd, y lle a'r gwaith.

Byddai Ned o'm cwmpas yn aml, nid yn gymaint i sgwrsio, gan mai creadur digon tawedog a surbwchaidd ydoedd ar y gorau, ond i ymddiddori yn yr hyn a wnawn. A rhaid cyfaddef fy mod wedi croesawu'i gyngor ar sut ac ymhle i dorri'r cangau a phryd a sut i docio'r coed rhosod. Rwy'n credu imi'i blesio trwy ofyn ei farn a thrwy gyd-nabod nad oeddwn i'n deall rhyw lawer am arddio.

'Mae'n rhaid nad oedd y ddau arall 'na'n hoffi byw yn y wlad, Ned,' meddwn i wrtho ddiwedd yr wythnos. Torri'r lawnt fawr roeddwn i ar y pryd ac wedi aros ar ben ystod i gael gair ag ef. Edrych draw a wnaeth.

'Rhy fuan i titha,' meddai.

Roedd ganddo'r ddawn o dynnu'r gwynt o hwyliau dyn ond roeddwn yn benderfynol y tro hwn na châi mo'r gair olaf.

'Gwrandwch, Ned! Dyma'r lle gora i mi rioed gael byw ynddo fo. Mi ges i 'magu mewn cartra i blant amddifad yng nghanol tre fawr brysur a phan ddechreuis i ar brentisiaeth fel plymar bu'n rhaid imi fynd i fyw mewn lojins. O fewn naw mis ro'n i allan o waith! *Redundant!* 'Sgynnoch chi syniad sut fywyd ydi bod ar y dôl a byw mewn lojins?'

Gwyddwn mai osgoi fy nghwestiwn a wnâi.

'Dwyt ti ddim yn dallt y lle,' meddai'n freuddwydiol. 'Chlywi di mo'r sŵn ym mrig y morwydd.' A gadawodd fi'n syllu'n wirion ar ei ôl.

Erbyn pnawn Sadwrn roedd arwyddion storm yn amlwg, yr aer yn fwll a'r awyr yn dywyll gydag ambell awel iasol i aflonyddu'r dail ac i atgoffa dyn mai hydref oedd hi wedi'r cyfan. Pan ddechreuodd y dafnau mawrion syrthio prysurais i gadw fy offer ac fel roeddwn yn mynd am y bwthyn gwelwn nifer o'r criw ifanc oedd yn treulio'r wythnos yn Nolmynach yn carlamu am gysgod, heb falio am na lawnt na phlanhigion na dim arall yn eu llwybr. Daeth i'm meddwl roi llond ceg iawn iddyn nhw ond yn y cenlli glaw ni fyddai neb yn barod i wrando a doeddwn innau chwaith ddim am wlychu mwy nag oedd raid.

Mynd trwy'r drws yr oeddwn i pan glywais y sŵn, tebyg i blentyn yn crio. Un waedd hir dorcalonnus fel pe bai rhywun mewn poen dirdynnol. Sefais yng nghysgod y drws i wrando ond doedd dim mwy i'w glywed. Y criw ifanc yn cadw reiat, mae'n siŵr . . . neu'n cam-drin y gath! Gyrrodd y fellten, a'r daran i'w chanlyn, fi ar fy hyll i'r tŷ.

Parhaodd y storm am hanner awr neu fwy a'r metlin ar y llwybr rhwng y bwthyn a'r plas yn sisial yn y glaw trwm. Mwynheais bob munud ohoni, wedi suddo'n glyd i hen gadair freichiau gyfforddus o flaen tanllwyth o dân a gwylio gweddill y rhaglen chwaraeon ar y teledydd. Syllwn i'r fflamau gwresog a chael pleser o wrando ar y taranau'n cerdded yr awyr uwchben. Dychmygwn weld pob math o siapiau yn y marwor coch. Gwelwn y coed hanner llosg yn troi'n esgyrn brau a'r fflamau'u hunain yn wynebau symudol. Rhaid fy mod wedi syrthio i gysgu yn ei wres.

Anodd dweud beth a'm deffrôdd. Cri plentyn yn reit siŵr . . . ond o ble? Roedd y teledydd yn dangos rhyw gêm gystadleuol rhwng teuluoedd. Nid o honno y daethai'r gri felly. Ai mewn breuddwyd y clywais hi? Doedd bosib iddi fod wedi dod o'r plas . . . oni bai fod rhywrai a babi neu blentyn ganddynt yn ymweld â'r warden. Cofiais am y sŵn crio a glywswn ar gychwyn y storm a phenderfynais ar yr eglurhad hwnnw.

Er ffyrniced y storm ni lwyddodd i ysgafnu llawer ar yr awyrgylch. Un o'r stormydd hynny sy'n cilio gan adael digon o rybudd fod un arall ar y ffordd. Ac fe ddaeth . . . ganol nos . . . ynghyd â phrofiad a'm hanesmwythodd yn arw iawn.

Bûm yn troi a throsi'n hir cyn i huwcyn ddod. Roedd pobman mor fwll. Pan ddaeth cwsg, fodd bynnag, roedd yn drwm a difreuddwyd. Y daran a'm deffrôdd . . . am wn i. Clec aruthrol nes bod seiliau'r bwthyn yn gwegian. Ac ar yr eiliad o ddod yn ôl i fyd yr ymwybod fe deimlwn dynnu taer ar ddillad y gwely. Agorais fy llygaid mewn dychryn ond er craffu i ddüwch yr ystafell ni allwn weld dim.

Doedd dim amheuaeth ynglŷn â'r crio, fodd bynnag. Crio torcalonnus plentyn, un funud yn igian uchel, yna'n sgrechian dychrynllyd . . . o gyfeiriad y plas. Roeddwn yn berffaith siŵr y tro hwn. Doedd dim sŵn arall i'w glywed . . . dim, ond distawrwydd llethol trymder nos, gosteg annaturiol yng nghanol y storm. Nid crio cyffredin plentyn mohono chwaith. Roedd rhywbeth annaearol yn ei sŵn, fel pe bai'n adleisio mewn gwacter, ac wrth iddo gynyddu, y tynnu taer eto ar y gynfas . . . a minnau'n dal yn dynn yn ei erbyn. Yn yr eiliad honno fe sylweddolais ddau beth; roedd yr ystafell yn rhynllyd oer fel rhewgell . . . neu farwdy . . . ac yn llawn arogl lafant cryf.

Pa mor hir y parhaodd 'dwn i ddim ond ymhen amser fe beidiodd y crio a theimlais yr afael ar y gynfas yn llacio. Ciliodd yr oerni a'r arogl. Gwyddwn fod y profiad wedi mynd heibio a bod y nos unwaith eto fel unrhyw noson arall. Fflachiodd mellten ond sŵn pell oedd i'r daran a'i dilynodd ymhen rhai eiliadau.

Yn rhyfedd iawn ni theimlwn ofn, dim ond rhyw anesmwythyd mawr. Roeddwn wedi bod yng nghwmni ysbryd, fe wyddwn hynny i sicrwydd bellach. Treuliais weddill oriau'r tywyllwch yn gwrando ar synau'r nos a thrwst y storm yn cilio'n y pellter.

Roeddwn wrth fy ngwaith yn gynnar iawn drannoeth, yn tacluso'r gwely blodau gydag ymyl y dreif. Roedd y plas o hyd yng ngafael cwsg ond gwyddwn y byddai'r gloch drydan swnllyd yn rhwygo'r tawelwch o fewn yr hanner awr nesaf, am hanner awr wedi saith. Ni chlywais Ned nes roedd yn sefyll wrth f'ysgwydd a pharodd ei lais annisgwyl imi neidio.

'Wrthi'n gynnar iawn!'

'Damia chi, Ned, yn fy nychryn i fel 'na!'

'Methu cysgu?'

Ni allwn osgoi'i lygaid treiddgar oer.

'Anodd cysgu yn y bwthyn pan fydd hi'n glawio. Anoddach fyth mewn storm.'

'Pam? Be 'dach chi'n feddwl? Dydi hi'n ddim anoddach nag yn yr hen stabla, mae'n siŵr gen i . . . neu'r plas.'

'O, mae'n anodd yn y plas, ydi,' cytunodd yn dawel, 'ond mae'r stabla'n glir.'

'Yn glir?' Rhyw ddweud go ryfedd.

'Ydyn, yn glir . . . ond nid y plas . . . na'r bwthyn.'

Nid oedd am fanylu ond gwyddwn ei fod, yn ei ffordd ei hun, yn cyfeirio at yr hyn oedd ar fy meddwl innau.

'Mi fydd y warden wedi bod yn effro hefyd, mae'n siŵr, ac athrawon yr hogia bach 'ma . . . a falla rhai o'r hogia'u hunain . . . ond mae'r ifainc fel rheol yn gysgwyr trwm.'

Bu ond y dim imi ei atgoffa nad oeddwn i fy hun ond pedair ar bymtheg oed ond tewais rhag ofn imi ei yrru i'w fudandod styfnig. Ceisiais yn hytrach ei gael i siarad am yr hyn roedd ganddo fwyaf o ddiddordeb ynddo.

'Mae tipyn o hanas i Ddolmynach 'ma mae'n siŵr, Ned? Lle go bwysig yn 'i ddydd, mae'n debyg? Biti mewn ffordd fod y lle wedi gorfod newid . . .'

''Machgan i, dwi'n cofio'r hen blas 'ma'n ferw gwyllt . . . 'dwn i ddim faint o weision a morynion yn dŵad i fyny o'r pentra bob dydd . . . rhai eraill yn cysgu i mewn. Roedd 'na dri o wastrodion yma ar un adag, pan o'n i'n ifanc. Tri, cofia!'

'O? Be oedd y rheini, Ned?'

'Gwastrodion? Wel gweision y meirch, siŵr iawn. Fe fyddai'r hen ŵr bonheddig, Syr Oliver, tad Lady Gwendoline, yn ymddiddori mewn ceffyle, fel 'i dad o'i flaen—'ffyle rasio, wrth gwrs. Diddordeb y teulu wedi bod erioed wel'di. Cystadlu efo nhw, draw yn Lloegr bell. Dwi'n cofio'r cyffro yma unwaith ar ôl i un o'i 'ffyle ddod o fewn trwch blewyn i ennill y Darbi'i hun! O oedd, roedd y gwastrodion yn brysur iawn y dyddia hynny.'

Sylwais fod llygaid yr hen ŵr yn niwlog trwy ddagrau atgof.

'A nhw, y . . . y . . . gwastrodion 'ma, fel 'dach chi'n 'u galw nhw, oedd yn byw uwchben y stabla'r adag honno?'

Nodiodd yn freuddwydiol.

'Ble'r oeddech chi'n byw 'ta, Ned, pan oeddech chi'n blentyn?'

'Yn y bwthyn, siŵr iawn. Cartre'r garddwr ydi'r bwthyn wedi bod erioed.'

'Ga i ofyn ichi 'ta be oeddech chi'n feddwl gynna pan ddeudsoch chi fod yr hen stabla'n glir ond nad ydi'r bwthyn na'r plas ddim? Be oeddech chi'n feddwl, 'yn glir'?'

Wrth imi ofyn fy nghwestiwn roedd yr olwg bell wedi mynd o'i lygaid a gwyddwn ei fod am roi terfyn ar y sgwrs. Roeddwn wedi holi gormod ac wedi tramgwyddo.

'Fasat ti ddim yn deall. Does 'na neb yn dallt ond fi . . . bellach.' A throdd i'm gadael.

'Ned! Fe glywis i betha rhyfadd neithiwr.'

Stopiodd ond ni throdd yn ôl ataf. 'Do, mae'n siŵr,' meddai'n ddigyffro. 'Fyddi di ddim yma'n hir felly.'

Fe'i dywedodd fel pe bai'n mynegi ffaith.

'O byddaf, Ned. Doedd gen i ddim ofn o gwbwl.'

Dechreuodd gerdded oddi wrthyf unwaith eto.

'Does gen i ddim ofn . . . ysbrydion!'

Trodd i edrych arnaf, syllu'n hir ac ymholgar ond heb ddweud gair.

*   *   *

Cefais aml i sgwrs efo Ned yn ystod y misoedd nesaf, naill ai wrth fy ngwaith yn yr ardd ac ar y tŷ neu yn y bwthyn ar fin nos. Roedd wedi cymryd ataf, rwy'n credu, ac yn mwynhau fy nghwmni. Dangosodd gryn ddiddordeb yn fy hanes fel plentyn amddifad ac yn y Cartre y'm magwyd i ynddo. Holodd ynglŷn â'm rhieni a phan ddywedais wrtho nad oedd fy mam wedi priodi a'i bod wedi marw ar fy ngenedigaeth, llanwodd ei lygaid â dagrau ac â rhyw gydymdeimlad anarferol.

'Plentyn siawns!' meddai'n freuddwydiol. 'Plentyn siawns wyt ti!'

Fe'm synnwyd gan ei gwestiwn nesaf. 'Oedden nhw'n dy gloi di i mewn yno? Dy gloi yn d'ystafell?'

'Yn y Cartre? Na. Pam 'dach chi'n gofyn?'

'Nac oedden, siŵr iawn. Doedd dim gwarth ar neb yn nac oedd? Nid fel gwarth Syr William ers stalwm . . . neu un Sarah fach.'

'Syr William? Pwy oedd hwnnw?'

'Syr William? Fo oedd tad Syr Oliver, siŵr iawn.'

'A phwy oedd Sarah? 'I ferch o?'

Daeth golwg euog i wyneb Ned fel pe bai wedi'i ddal eto'n dweud gormod. 'Wyddost ti be,' meddai, gan droi'r stori, 'dwi'n dy weld di'n debyg iawn i mi yn dy oed di . . . wrth dy fodd efo'r hen le 'ma, byth yn mynd o 'ma i unlle a byth yn gneud dim â rafîls y pentra.'

Gwenais ynof fy hun wrth sylwi ar yr elfen hon o snob-yddiaeth yn yr hen greadur. Wedi'i fagu, fel ei dad o'i flaen, i weini ar y gwŷr bonheddig, i gyffwrdd ei gap mewn parch pan aent heibio iddo, ac i gredu'i fod ef ei hun, oherwydd ei gysylltiad â'r plas, yn well dyn na gweithwyr mwy garw'r pentref. Ni thrafferthais egluro iddo fod y ddwy filltir a hanner i'r pentref yn rhy bell gennyf eu cerdded a'm bod i, beth bynnag, yn trio cadw pob ceiniog o'm cyflog i brynu car. Fy unig ateb iddo oedd: 'Mae gen i ddigon i'w wneud yma. Dim amsar i galifantio.'

Dyna pryd y dechreuodd fwrw. Llwydwyll oedd hi ar y pryd ond fe dduodd yn sydyn wrth i'r cymylau bygythiol grynhoi uwchben. Rowliodd taran yn hir yn y pellter a chryfhaodd yr awel. Dyna, gredwn i, a achosodd i'r drws agor yn araf.

'Mae hi wedi dŵad wel' di!'

Gyrrodd geiriau tawel Ned iasau rhyfedd dros fy nghorff. Trois i edrych arno, yna'n ôl at y drws.

'Pwy, Ned? Does 'na neb . . .'

'Ma hi yma efo ni.'

Dyna pryd y deuthum yn ymwybodol o'r distawrwydd oer a'r arogl cryf o lafant yn llenwi'r ystafell. Yn yr eiliad honno gwyddwn fod gennym gwmni. Sylwais fod awgrym o wên ar wefusau Ned fel pe bai'n croesawu'r ymwelydd ond yn raddol lledodd tristwch dros ei wyneb hen wrth i gri plentyn ddod yn eglur i'n clustiau o gyfeiriad y plas. Parhâi'r glaw yn drwm y tu allan—fe'i gwelwn drwy'r ffenest—ond nid oedd dim o'i sŵn yn treiddio i'r bwthyn. Roedd fel pe bai'n perthyn i fyd arall . . . neu i gyfnod arall. Ac fel yr âi crio'r plentyn yn fwy taer cynyddai'r tyndra yn yr ystafell nes bod yn annioddefol bron. Synhwyrwn fod

117

pwy bynnag oedd yno gyda ni yn orffwyll gan bryder ac yn erfyn am gymorth, ac fel yr aeth y crio yn y pellter yn sgrechian parhaus teimlwn fy mraich yn cael ei thynnu tua'r drws.

Llais Ned ddaeth â mi ataf fy hun. 'Y fechan!' meddai'n dosturiol a sylweddolais fod y profiad wedi mynd heibio. Ond roedd y straen yn aros. Teimlwn fel pe bai'r nerth wedi'i wasgu o'm corff a gwyddwn mai felly'n union y teimlai Ned hefyd.

'Pwy, Ned?' gofynnais, yn benderfynol o gael eglurhad ganddo'r tro hwn. 'Pwy, yn enw'r nefoedd, oedd hon 'na?'

Syllodd yr hen ŵr yn hir i'r tân. Mewn llais araf a dwys y daeth ei stori ac roeddwn yn gorfod craffu i'w glywed.

'Y fi ydi'r ola,' meddai, 'yr ola i ddal y gyfrinach—cyfrinach y teulu—gwarth Dolmynach.' Tawelwch hir wedyn ond ni feiddiwn dorri ar ei fyfyrdod. 'Fe addewais i'r hen syr, Syr Oliver, na ddwedwn i byth byth mo'r hanas wrth neb . . . ond mae'r fechan mewn purdan ac mae'n rhaid ei rhyddhau.' Tawelwch hir eto a minnau ofn anadlu bron. 'Rhaid rhyddhau Sarah fach . . . ond sut?'

Trodd i edrych arnaf fel pe bai'n fy ngweld am y tro cyntaf. Ofnwn ei fod wedi ailfeddwl ac na chawn weddill yr hanes ganddo.

'Sarah? Ysbryd Sarah, merch Syr . . . William? Dyna pwy sy'n aflonyddu yma?'

Nodiodd ei ben yn ddwys.

'Ond pam, Ned? Be 'di'r hanas?'

'Fe addewais i beidio dweud wrth neb . . . byth,' meddai eto, 'ond mae'n rhaid helpu'r fechan . . . a hwyrach ei fod o fewn dy allu di i neud hynny.'

Distawrwydd trwm unwaith eto heb ddim i dorri arno ond clecian y boncyffion yn y grât ac yna daeth yr hanes fel lli'r afon ganddo.

'Yr hen Syr Oliver dwi'n gofio yn y plas ac mae o wedi marw ers . . . deugian mlynadd. Does gen i ddim co am Syr William, wrth gwrs—roedd o wedi marw o leia ddeng mlynadd cyn i mi gael fy ngeni ond mi fu 'Nhad yn arddwr iddo fo, a'i dad ynta o'i flaen o am chydig flynyddoedd. Ond y llall oedd y drwg, y garddwr arall. Hwnnw ddaeth â'r gwarth ar Ddolmynach. Hwnnw ddanfonodd Syr William i'w fedd cynnar, a hwnnw sy'n gyfrifol am burdan Sarah heddiw.'

Eisteddais yno am awr a mwy yn gwrando ar ei lais undonog yn cribo'r blynyddoedd ac yn hel achau'r teulu. Cesglais mai'r 'garddwr arall' y soniai amdano oedd rhag-flaenydd ei daid ar y stad. Roedd hynny felly'n mynd â'r hanes yn ôl i saith neu wythdegau'r ganrif ddiwethaf. Merch i Syr William Wynn-Lloyd a chwaer Syr Oliver oedd Sarah. Bu'n ddigon anffodus i syrthio mewn cariad â garddwr y plas.

'Fe glywis 'Nhad yn deud ar ôl 'i dad ynta fod Sarah fel pictiwr o dlws. Hi oedd cannwyll llygad Syr William a wnâi o warafun dim iddi. Er bod yma beth wmbredd o geffyla gwych fe brynodd un gwell i Sarah ac fe fyddai hi'n arfar 'i farchogaeth yn wyllt ar hyd llawr y dyffryn 'ma, ei gwallt hir gola'n chwifio fel sidan mân yn y gwynt.'

Yn ei ffordd freuddwydiol undonog roedd Ned yn sôn am Sarah fel pe bai'n ei chofio'n ferch ddeunaw oed yn gwneud y pethau hyn ond sylweddolais mai ail-greu darlun yr oedd, ailadrodd hanes a glywsai gan ei dad, a hwnnw gan ei dad yntau o'i flaen:

119

'Mellten oedd 'i enw . . . stalwyn hardd, du fel y frân. Châi neb arall ei farchogaeth, neb ond Sarah. Ond fe ddechreuodd hi droi'i llygad ar y garddwr felltith 'na a sleifio y byddai hi i'r bwthyn 'ma i'w gwarfod o heb i'w thad na neb arall ama dim. Mi fyddai hi'n smalio mynd allan i farchogaeth ac yna ar ôl cuddio Mellten draw yn y coed yn dŵad yn ôl at ddrws cefn y bwthyn heb i neb ei gweld. Ond fe aeth petha o chwith i'r fechan. Fe sylwedd-olodd ei bod yn feichiog, yn disgwyl plentyn. Y fath warth ar y teulu! Teulu Dolmynach o bawb! A phan ddaeth i glyw Syr William . . . wel, dyna le! Fe driodd bob ffordd gael gwybod gan Sarah pwy oedd tad y plentyn ond gwrthod yn styfnig wnâi hi. Wedyn mi siarsiodd bob un o'r gweision nad oedd neb i yngan yr un gair am y peth, ddim hyd yn oed i'w drafod ymysg 'i gilydd. Fe aeth pawb ar 'i lw iddo a, hyd y gwn i, y fi ydi'r cyntaf i dorri'r llw hwnnw, Duw a faddeuo imi!'

Edrychais ar Ned mewn syndod. Roedd y fath deyrngarwch i deulu Dolmynach yn anhygoel.

'Fe ddigiodd Syr William efo Sarah. Fe ddigiodd am byth. Cafodd neud llofft arbennig iddi yn y plas, tu ôl i'r panelau derw ar y landin ucha. Hyd heddiw, does dim drws cyffredin i'r stafell honno. Dim ond o'r landin y tu allan y gelli di'i agor o, trwy bwyso'n galad ar un o'r panelau isa. Y fi ydi'r unig un sy'n gwbod am y stafall fach honno, yr unig un ar y ddaear 'ma . . . a chdi rŵan.'

Ychwanegodd y geiriau olaf fel pe bai'n sylweddoli o'r newydd ei fod wedi bradychu cyfrinach.

'Ond hwyrach y gelli di neud rwbath i helpu Sarah.'

Ni allwn anwybyddu'r difrifoldeb yn ei lais na'r taerineb yn ei lygaid. Addewais wneud fy ngorau.

'Y stafall honno fu carchar y ferch. Châi hi ddim mynd allan o'r tŷ, ddim hyd yn oed allan o'r stafall rhag i neb ddod i wbod am warth Dolmynach. Fe ofalodd Syr William mai un forwyn yn unig oedd i weini arni, a phan ddaeth tymor Sarah i ben châi neb ond y forwyn honno fod yn y stafall i helpu geni'r plentyn.'

Aeth Ned yn fud eto am sbel a minnau'n disgwyl yn amyneddgar iddo ailgydio'n y stori.

'Pe bai hi wedi cael nyrs iawn mae'n debyg y byddai hi wedi byw, ond nid felly y bu. Y noson y ganwyd ei mab fe fu Sarah fach farw.' Daeth deigryn i'w lygaid trist fel pe bai'n sôn am rywun roedd wedi'i adnabod yn iawn. 'Roedd gofid Syr William yn erchyll. Y peth cynta wnaeth o oedd mynd yn syth i'r stabla a rhoi cyllell yng ngwddw Mellten. Rhoi gorchymyn wedyn nad oedd y babi i gael dod allan o'r stafall fach ar y landin ucha. Fe fu rhai o'r gweision yn protestio ymysg ei gilydd ond feiddiai neb ddeud gair wrth Syr William 'i hun nac wrth neb arall tu allan i'r plas . . . neb ond y garddwr. Fe aeth hwnnw at Syr William un noson i'r parlwr mawr i ofyn iddo fo gymryd trugaredd ar y plentyn, 'i blentyn ef. A dyna sut y cafodd yr hen syr wybod pwy oedd y tad. Fe gafodd y garddwr 'i gardia yn y fan a'r lle wrth gwrs a . . . welwyd mo'no fo yn Nolmynach ar ôl hynny.'

'Trist iawn,' meddwn i gan dybio fod yr hanes wedi dod i ben ond roedd rhagor.

'Yn ei hiraeth am Sarah doedd dim maddeuant na thosturi yng nghalon Syr William. Fe wrthododd fynd i weld y bychan a 'châi neb arall 'i weld o chwaith, neb ond yr hen forwyn oedd yn gofalu amdano. Fe wrthododd roi enw ar y plentyn. Gwrthod hyd yn oed iddo gael 'i fedyddio, Duw a faddeuo iddo fo!'

'Ofnadwy!' meddwn i gan feddwl mor anystyriol o gul a chaled y gallai pobl fod ers talwm. 'Be ddoth o'r hogyn yn y diwedd?'

'Dyna ran dristaf yr hanas. Tua dwyflwydd oed oedd y peth bach pan aeth y plas ar dân . . .'

'Tân, Ned?'

'Ia. Noson wyllt o Dachwedd, tua'r adag yma o'r flwyddyn . . . storm o fellt a thrana. Fe drawyd y tŷ gan felltan. Dyna gychwynnodd y tân. Dial Duw, medda rhai o'r gweision ofergoelus, ond y plentyn fu'n rhaid diodda. Aeth rhan o'r plas i fyny'n wenfflam a'r bychan gydag o. Roedd 'i sgrechiada truenus i'w clŵad dros bob man. Sŵn y felltan yn taro'r tŷ wedi'i ddeffro ynta mae'n debyg a'r fflama'n goleuo'i stafall fach ac yn ei hysu. Doedd dim posib i neb ei helpu heb beryglu'i fywyd 'i hun a doedd fawr o neb yn gwbod sut i agor drws y stafall fach beth bynnag . . .'

Tawodd Ned a gwyddwn ei fod wedi dod i ben â'i stori.

'A dyna warth Dolmynach?'

'Ia.'

Synhwyrwn nad oedd wedi dweud y cwbl, ei fod yn celu rhywbeth o hyd ond roeddwn yn gwybod digon bellach.

'A dyna pam y bydd ysbryd Sarah yn aflonyddu ar y plas a'r bwthyn ar noson stormus? Chwilio am rywun i achub 'i phlentyn mae hi?'

Nodiodd ei ben yn araf.

'Ond pam fi, Ned?'

Trodd i edrych arnaf a'i lygaid yn llonydd a threiddgar.

'Nid ti,' meddai'n dawel. 'Ti sy yn y bwthyn, yndê!'

Bûm eiliad neu ddwy cyn deall, yna aeth fy nghorff yn oer drosto.

'Y garddwr! Fi ydi'r garddwr . . . iddi hi!'

*   *   *

Gydol gweddill Tachwedd bu'r tywydd yn ddiflas, smwcan o law mân ac awyr lwyd drom. Serch hynny, medrais orffen paratoi'r gwelyau blodau ar gyfer y gwanwyn a rhoi un toriad arall i'r lawnt cyn hirlwm y gaeaf. Yn y plas y treuliais y rhan fwyaf o'r amser, fodd bynnag, yn gosod peipiau a thapiau dŵr newydd yn y gegin, er mawr foddhad i Mrs Williams y Cwc, rhoi clo newydd ar ddrws y ffrynt a thrwsio sawl dodrefnyn a gawsai'i gam-drin gan y criw ifanc castiog a ddeuai yno i aros. Cefais gyfle hefyd, yn fuan ar ôl clywed stori Ned, i ddod i adnabod yr hen dŷ'n well. Crwydrais y landin uchaf rhwng y panelau derw trwchus yn chwilio am y stafell gudd a deuthum o hyd iddi hefyd yn y diwedd. Mewn adeilad mor fawr a dyrys hawdd credu nad oedd hyd yn oed y warden ei hun yn gwybod am ei bodolaeth, er bod iddi'i ffenest ei hun yn edrych allan o dalcen dwyreiniol y tŷ.

Ar ôl bod wrthi'n pwyso'n ddygn ar sawl un o'r panelau fe ddeuthum o'r diwedd at yr un iawn ac ymddangosodd bwlch o ddrws lle gynt y bu wal solet. Llofft fechan iawn oedd yno—lle i wely, dyna i gyd. Teimlwn iasau annifyr wrth syllu o gwmpas y stafell wag o gofio tystiolaeth Ned am gyfrinach warthus Dolmynach.

Bûm yno droeon wedi hynny, o chwilfrydedd yn fwy na dim, gan ofalu am ryw reswm nad oedd neb arall yn dyst. Roedd arnaf innau, fe deimlwn, ddyletswydd i gadw cyf-

123

rinach y teulu. Yr hyn a'm synnai oedd fod y rhan honno o'r plas wedi'i hailadeiladu yn union fel cynt ar ôl y tân a'i difethodd, bod hyd yn oed y stafell ddirgel wedi'i hadfer, er gwaethaf y drasiedi oedd yn gysylltiedig â hi. Cydwybod euog Syr William efallai a barodd iddo wneud hynny . . . neu'i styfnigrwydd.

Rywbryd yn ystod yr ymweliadau hyn roedd penderfyniad wedi ffurfio'n raddol yn fy meddwl. Yn ddiarwybod i mi fy hun bron roeddwn wedi tyngu llw y byddwn, y tro nesaf y clywn y crio o'r plas ac y deuai Sarah i ymweld â mi, yn dod yma i'r stafell gudd, waeth pa amser o'r dydd neu'r nos fyddai hynny. Gwyddwn, ynof fy hun, fod yn rhaid dod cyn y cawn lonydd yn y bwthyn.

Aeth tri mis a rhagor heibio, fodd bynnag, cyn i'r cyfle ddod, a phrofiad ydoedd a fydd yn aros efo mi fel hunllef tra byddaf byw. Bu misoedd yr hirlwm yn ddigon tawel a digyffro, cyfnod o dwtio, o glirio eira, o ddadmer ac o ddrwsio peipiau rhewllyd . . . a chyfnod hefyd o hir segura ar fin nosau tywyll. Cefais sawl sgwrs â'r llanciau a'r athrawon a ddeuai ar gyrsiau wythnos i Ddolmynach, y rhan fwyaf ohonynt yn rhyfeddu fod gŵr ifanc fel fi yn dewis bywyd mor unig ac anghysbell. Sut oedd egluro iddyn nhw'r bodlonrwydd a gâi rhywun fel fi, wedi'i fagu'n amddifad mewn Cartref swnllyd, o fod yn fy nghartref fy hun, yn gwneud gwaith wrth fodd fy nghalon?

Daeth y gwanwyn yn gynnar y flwyddyn honno, blagur ar goed yn fuan ym mis Mawrth a phythefnos gyfan o haul llwynog i greu cyffro yn y pridd. Erbyn canol y mis roedd yn annaturiol fwll a rhagolygon y tywydd yn bygwth stormydd ffyrnig. Hyd yn oed ar ôl clywed hynny ni ddaeth y posibilrwydd o 'ymweliad' gan Sarah i'm meddwl o gwbl. A dweud y gwir, buasai'r pedwar mis diwethaf mor ddi-stŵr a heddychlon nes gyrru hen helyntion Dolmynach o'm meddwl yn llwyr. Ychydig a welswn o Ned dros y tywydd oer. Gelwais i'w weld o bryd i'w gilydd ond prin y mentrai ef allan o'i stafell gysurus yn yr hen Stablau. Fe ddechreuodd grwydro chydig hyd y dreif a'r lawntiau yn heulwen Mawrth a daeth i'r bwthyn fwy nag unwaith am sgwrs a phaned . . . ond ni chrybwyllwyd gair o'r hanes a'm cyffrôdd gymaint bedwar mis yn ôl.

Yna, un min nos wrth ymadael, meddai, 'Ma hi'n fwll iawn heno. Synnwn i ddim nad ydi hi'n hel am storm.' Daliodd fi gyda'i lygaid treiddgar a theimlais gyffro anesmwyth o gylch fy nghalon.

Anodd dweud beth a'm deffrôdd, ai sŵn y storm ynteu'r tynnu taer ar ddillad fy ngwely. Rhaid ei bod yn oriau mân y bore a minnau'n gyndyn o ollwng gafael ar drwmgwsg braf. Roeddwn yn cysgu ar f'ochr â'm cefn at ddrws y llofft, y dillad wedi'u tynnu i fyny at fy ngên gan mor oer y nos. Trwy niwl cwsg meddyliais fod hynny'n rhyfedd o ystyried mor fwll ac anghysurus oedd hi wedi bod. Agorais fy llygaid yn araf i weld mellten las yn gwibio drwy'r ystafell ac yn y tywyllwch a'i dilynodd trodd fy ngwaed yn rhew yn fy ngwythiennau oherwydd cawswn gip yn yr eiliad honno ar law wen yn cydio yn nillad y gwely o flaen fy nhrwyn. Fe'i teimlwn yn awr yn tynnu, tynnu'n daer . . . a minnau'n dal yn ei herbyn. Yn y pellter, uwch rhu'r storm, clywn sgrechiadau plentyn a oedd, fe wyddwn, yn llosgi i farwolaeth.

Roeddwn ar fy eistedd mewn amrantiad. Yng ngolau'r fellten nesa fe'i gwelwn hi'n sefyll wrth droed y gwely, ei gwallt melyn llaes yn aflonydd yn yr awel a ddeuai drwy'r drws agored. Ac yn yr eiliad fer honno argraffwyd ar fy nghof am byth y tristwch annisgrifiadwy oedd ar ei hwyneb tlws a'r ymbil yn ei llygaid. Yn reddfol, codais i'w dilyn.

Llithrodd allan i'r storm a minnau ar ei hôl. Taflai aml gip dros ysgwydd i wneud yn siŵr fy mod yno o hyd. Heibio i dalcen y plas yr arweiniodd hi fi, at ddrws y ffrynt. Erbyn hynny roeddwn yn wlyb at fy nghroen ond sylwais nad oedd ei gŵn nos tenau hi fymryn gwaeth.

Roedd drws mawr Dolmynach yn llydan agored a rhyw-un eisoes wedi rhoi'r golau ymlaen ar y llawr cyntaf. Roedd sgrechiadau'r plentyn yn llenwi'r tŷ a safai twr bychan o fechgyn gyda'u hathro ar ben y grisiau yn syllu'n ofnus i fyny tua'r landin uchaf.

'Be sy'n bod?' gofynnodd un ohonynt imi mewn llais llawn dychryn.

'Be ar y ddaear sy'n digwydd?' holodd un arall.

'Ewch i'ch gwlâu,' meddwn innau'n dawel a hunan-feddiannol. 'Mi fydd pob dim drosodd toc.'

Yn rhyfedd iawn ni chawsai Sarah ddim o'u sylw wrth iddi lithro heibio iddynt.

Ar y landin uchaf daeth sŵn newydd i'm clustiau. Yn gymysg â chrio anobeithiol y plentyn clywn glecian y fflamau wrth iddynt ysu'r adeilad. Roedd y warden ei hun wedi mentro cyn belled ag yno a rhoddodd y panig ar ei wyneb le i rywfaint o ryddhad o gael fy nghwmni.

'Mae'n waeth y tro yma,' meddai'n gryg.

'Ddigwyddith o ddim eto,' meddwn innau gyda phendantrwydd na allwn mo'i egluro. 'Mi fydd hi'n dawel ar ôl heno.'

'Hi? Pwy wyt ti'n feddwl?'

'Sarah . . . draw acw!' Pwyntiais tuag ati. Roedd hi'n aros yn gynhyrfus tu allan i'r stafell ddirgel.

'Sarah? Am bwy wyt ti'n sôn?'

Dyna pryd y sylweddolais nad oedd ef yn ei gweld ac nad oedd y bechgyn a'r athro ar y landin isaf wedi'i gweld chwaith. Doedd hi ddim yn amlwg ond i'r sawl a wyddai gyfrinach Dolmynach.

Ar yr eiliad honno daeth fflach mellten a tharan ddychrynllyd uwchben ac aeth golau'r tŷ allan. Clywais y Warden yn dal ei wynt mewn ofn a'r bechgyn islaw yn cynhyrfu mewn dychryn. Euthum ymlaen yn y tywyllwch a chlecian y tân a sgrechiadau'r bychan yn cynyddu gyda phob cam a gymerwn. Ni fu'n rhaid imi ymbalfalu i chwilio am y panel; roedd Sarah yn pwyntio ato. Plygais i bwyso arno ac yn araf agorodd y drws.

Er nad oedd tân yn unman roedd yr ystafell yn cael ei goleuo fel petai gan fflamau swnllyd. Gwelais drwy'r mwg wely bychan a'r plentyn dwyflwydd dienw ar ei liniau arno, yn sgrechian mewn arswyd. Llithrodd Sarah heibio imi i mewn i'r ystafell a dal ei llaw iddo. Wrth iddo gydio ynddi gostegodd ei ofn a'i grio.

Trwy'r cyfan safwn yn gegrwth yn eu gwylio ac fel y doent law yn llaw allan i'r landin gwibiodd mellten arall drwy'r tŷ a dangos imi'r rhyddhad a'r diolch ar wynebau'r ddau. Teflais gip arall i mewn i'r ystafell. Nid oedd na gwely na mwg na golau tân i'w gweld yn unman. Ar y landin nid oedd ond y warden i'w weld; roedd Sarah a'i phlentyn wedi mynd.

'Be . . . be ddigwyddodd?' gofynnodd wrth imi nesu ato yn y tywyllwch.

'Mae popeth drosodd,' meddwn i. 'Mae Dolmynach yn glir . . . a'r bwthyn.'

'Yn glir? Be mae hynny'n 'i feddwl?'

Gwenais wrth fy nghlywed fy hun yn ailadrodd geiriau Ned. 'Yn glir. Chaiff y plas mo'i boeni eto.'

Disgwyliwn glywed rhagor o holi ond euthum heibio iddo ac i lawr y grisiau a rhyw hunanfodlonrwydd braf yn cynhesu fy nghorff gwlyb. Wedi'r cyfan roeddwn wedi tawelu dau ysbryd anniddig. Syllai'r criw bechgyn arnaf mewn cymysgedd o ofn a chwilfrydedd.

'Ewch i'ch gwlâu,' meddwn i'n dalog wrthynt. 'Chewch chi mo'ch poeni eto.'

Allan yn yr awyr agored dechreuais grynu oherwydd yr oerfel a'r gwlybaniaeth ond nid oeddwn yn malio. Byddai Ned yn falch o glywed fod Sarah wedi'i 'rhyddhau'. Ni welid 'y fechan' byth eto'n ceisio cymorth y garddwr ac ni phoenid Dolmynach byth mwy gan oernadau ingol ei phlentyn.

Cefais y fath sioc oherwydd bod yr olygfa mor annisgwyl. Roeddwn yn prysuro'n ôl am y bwthyn a chlydwch dillad sych a gwely cynnes pan welais hwynt, y ddau ohonynt, law yn llaw o hyd, yn sefyll ar y pwt o lawnt rhwng yr hen stablau a'r bwthyn, hi yn ei gwenwisg laes a'i gwallt euraid yn chwifio yn y gwynt a'r bychan yn ddiogel dynn yn ei llaw. Sefais yn fy unfan a'm calon yn curo'n wyllt. Roedd yma rywbeth nad oeddwn yn ei ddeall ac roedd hynny'n fy arswydo. Goleuwyd yr ardd gan fellten a gwelwn Sarah yn pwyntio â'i llaw rydd at lwyn banadl yn ymyl y bwthyn. Yna roedd y ddau wedi mynd.

Drannoeth euthum yn unswydd i'r hen stablau i adrodd yr hanes wrth Ned. Erbyn imi orffen roedd ei lygaid llwyd yn ddisglair gan ddagrau.

'Da iawn ti . . . da iawn ti,' meddai gydag angerdd tawel yn ei lais. 'Mae'r fechan a'i phlentyn mewn hedd—o'r diwadd—wedi'u rhyddhau.'

Yna disgrifiais iddo'r hyn a welswn ar fy ffordd yn ôl i'r bwthyn. Cymylodd ei wyneb yn syth ac aeth i fyfyrdod hir a dwys. Yn araf, cododd ei ben i syllu'n drist ac euog arnaf.

'Mae hi am i'r cwbwl gael 'i ddatgelu, wel'di, y cwbwl . . .'

Bu'n dawel wedyn yn hir. Cododd ac aeth draw at y ffenest ac fe'i dilynais innau ef.

'Mi ddwedais i wrthat ti fod y cariad, y garddwr hwnnw, wedi cael 'i gardia ac wedi gorfod gadael y plas ar ôl iddo gyfadda mai fo oedd tad y plentyn. Nid dyna oedd yn wir, 'machgan i. Y noson honno, ar ôl bod yn yfad yn drwm i foddi'i hiraeth, fe aeth Syr William i'r bwthyn . . . i ddial. Lle mae'r llwyn banadl 'cw'n sefyll rŵan ydi . . . ydi bedd y garddwr! Fy nhaid, a oedd newydd ddechra gweithio yma efo'r ceffyla, helpodd yr hen ŵr i gladdu'i gorff o. Dyna sut y cafodd o swydd garddwr, wel'di, fel cydnabyddiaeth o'i deyrngarwch . . . mwya'r cwilydd iddo fo.'

Roeddwn yn gegrwth.

'A dyna ti'n gwbod pob dim am warth Dolmynach!'